KARL HEINRICH KRÖGEN

FREIE BEMERKUNGEN ÜBER BERLIN, LEIPZIG, PRAG

Karl Heinrich Krögen

Freie Bemerkungen über *Berlin, Leipzig, Prag*

Dausien

Herausgegeben von
Knut-Hannes Wettig
Mit 47 zeitgenössischen
Illustrationen

Karl Heinrich Krögen
FREIE BEMERKUNGEN ÜBER
BERLIN, LEIPZIG, PRAG
Gesamtherstellung: Grafische Werke Zwickau
Schrift: Walbaum-Antiqua
Gestaltung: Dietmar Kunz
Printed in the German Democratic Republic
VERLAG WERNER DAUSIEN · HANAU
ISBN 3-7684-4635-2

Liebste Freundin!

Daß ich meine Bemerkungen über diese drei großen Städte gerade Ihnen widme, ist ein Beweis meiner Hochachtung gegen Sie. Dieses wissen Sie zwar sehr gut, aber auch die Welt soll es erfahren, daß ich Sie verehre. In dieser Rücksicht glaub ich, daß Sie Nachsicht gegen dieses Werkchen haben werden. Die Bemerkungen, die ich gemacht habe, können Ihren scharfen Augen gewiß auch nicht entgangen sein, daher wird Ihnen manches erfreuen, wenn Sie es nach seiner wahren Gestalt gemalt finden. Sollte es übrigens Ihrer Zueignung nicht würdig sein, so nehmen Sie es doch wenigstens als einen Beweis meiner besondern Freundschaft an. Ich empfehle mich daher bestens, und wären wir nicht zu gut miteinander bekannt, so würde ich des Wohlstandes wegen noch hersetzen, ich küsse Ihnen die Hand, da Sie letzteres aber ganz und gar nicht leiden können, so bleibt es nun beim ersten und hiermit adio.

Verleger und Autor

Kann statt der Vorrede dienen

Autor (mit einer Verbeugung): Ich bringe Ihnen hier ein Werkchen, welches ich wohl gedruckt zu sehen wünschte, können Sie Gebrauch davon machen, so steht es zu Diensten.

Verleger: Hm!, lassen Sie sehen. (Nachdem er den Titel gelesen): Freie Bemerkungen über Berlin, Leipzig und Prag. (Er blättert weiter und liest einige Seiten.) Lieber Freund, mir dünkt, ebensolche Bemerkungen schon anderwärts gelesen zu haben.

Autor: Kann gerne sein. Es ist schon viel über die Sitten dieser Städte geschrieben worden, kann ich wohl andere Bemerkungen als meine Vorgänger machen, wenn sich die Sitten nicht ändern?

Verleger: Über Berlin hat man schon gar zuviel; Berlin können wir weglassen.

Autor: Das steht bei Sie. Ich versichere Ihnen aber, daß alles, was man bis jetzt von Berlin schrieb, mit vielen Unwahrheiten angefüllt war, diese finden Sie hier gar nicht, ich habe alles Wahre von dem Falschen abgesondert, und da ich selbst eine geraume Zeit in Berlin war, so konnte meinen Beobachtungen nichts entgehen. Das sind Beobachtungen, die ein anderer, der nur in seiner Stube von einer Stadt schreibt, nicht machen kann; prüfen Sie alles, und Sie werden nichts übertrieben finden.

Verleger: Aber glauben Sie denn, daß das Buch Abgang haben und Nutzen stiften wird?

Autor: Ersteres will ich hoffen und letzteres wünschen. Sollten nicht wenigstens einige die Torheiten und Laster, in denen sie leben, einsehen lernen? Wären unter Hunderten auch nur zweie, so hat das Buch Nutzen genug gestiftet; einen jeden Neuling und Fremden, der in diese Städte kommt, vor ihren schlechten Sitten zu warnen war meine Hauptabsicht.

Verleger: Sie werden sich aber mancher Kritik aussetzen.

Autor: Kein Mensch ist ohne Fehler, es ist sehr leicht, des andern seine Mängel zu entdecken. Wollen die Herren Rezensenten mein Buch ganz vor unwichtig erklären, was kann ich anders tun als – schweigen. Doch, hoffe ich, werden sie, so wie sie es mit meinen andern Schriften taten, auch gegen diese glimpflich verfahren.

VERLEGER: Aber der Kopenhager Buchhändler R... wird es schlechterdings in seinem Katalogo für Unsinn erklären.

AUTOR: Dies wird er wohl tun, seine einfältigen Beurteilungen werden indessen wohl niemanden abschrecken, das Buch ungelesen liegenzulassen, da jedermann in Kopenhagen weiß, daß der Mann keiner Beurteilungskraft fähig ist.

VERLEGER: Glauben Sie nicht, daß das Buch konfisziert werden wird?

AUTOR: Ohne Zweifel, Sie wissen ja, daß man heutzutage keine Wahrheiten öffentlich sagen darf, indessen wird es Ihnen wohl auch bekannt sein, daß verbotene Bücher am stärksten gelesen und gekauft werden.

VERLEGER: Noch eins. Wieviel wollen Sie vor Ihre Arbeit haben?

AUTOR: Dies steht bei Ihnen. Sie können mirs ja portionsweise zukommen lassen, wir wollen wegen des Ganzen schon einig werden.

VERLEGER: Sehr wohl. Christoph! – Tragt einmal das Manuskript zum Buchdrucker. Ich werde hernach selbst zu ihm kommen und mit ihm sprechen.

(Der Autor empfiehlt sich mit einer Verbeugung.)

Berlin

Schloß und kurfürstliches Denkmal
Radierung von Johann Georg Rosenberg

Berlin ist ohnstreitig die schönste Stadt in Europa; diese ausgemachte Wahrheit wird noch kein Fremder, der Berlin sahe, in Zweifel gezogen haben. Welche prächtige Paläste zum herrlichsten Denkmal der Kunst und Schönheit! Plätze, die mit einem Zirkel der schönsten Gebäude umschlossen; unabsehbare, perspektivische Straßen, die meist auf die herrlichsten Gebäude stoßen, die Lindenallee; der Tiergarten mit allen seinen verführerischen Gängen; die mit vielen Schiffen bedeckte Spree; die Emsigkeit vieler Tausender, die sich mit allerlei Gegenständen beschäftigen; das freie zufriedene Wesen, das man auf dem Gesicht eines jeden Berliner wahrnimmt; das gefällige, gastfreie Betragen – kurz, alles, was sich nur Reizendes von einer Stadt denken läßt, findet man in Berlin.

Berlin wird in zehn Teile und Kölln an der Spree in zwei Teile abgeteilt; Berlin ist schon im zwölften Jahrhundert erbauet, dieses beweisen die vielen krummen, engen Gassen und die Reste von alten Mauern und Gebäuden, die man noch hier und da antrifft. Die Neustadt und Friedrichstadt hingegen ist in den neuern Zeiten angelegt. Die Straßen sind da regelmäßig und gerade, und der jetzige König hat sie nach italienischen Geschmack und deutscher Pracht aufführen lassen.

Die Kaserne für das dritte Artillerieregiment ist überaus groß, sie ist vier Stock hoch und nimmt auf der einen Seite eine ganze Straße ein. Ebensogroß ist auch die Kaserne für das vierte Artillerieregiment. Das königliche Schloß, Prinz Heinrichs Palast und eine Menge anderer Gebäude geben dem Auge ein prächtiges Schauspiel. Am glänzendsten aber ist das prächtige Zeughaus, Opernhaus und auch einige Privatgebäude, die teils einzeln in der Stadt zerstreuet sind, teils aber in der schönen Leipziger Straße beisammenliegen.

Die vielen Plätze, welche dem Auge einen schönen Anblick gewähren, sind der Lustgarten, der Platz am Opernhause, der Wilhelmsplatz und andere mehr. Die Abwechselung durch Bäume auf den Straßen, vorzüglich die Linden, die schönen Brücken, welche durch ihre Regelmäßigkeit, besonders im Winter bei Erleuchtung der Laternen, einen schönen Prospekt von sich geben, sind eine wahre Augenweide. Übrigens, die angenehmen Gänge am Wasser, das Gewühl von Menschen, welches oft bis spät in die Nacht dauert, die Menge Gärten in der Vorstadt, deren man auf vierhundert zählt und die meist sehr schön und mit Geschmack angelegt sind, belustigen einen Fremden ungemein.

Es gibt Privatgärten, welche sehr groß sind, und etliche enthalten sogar ganz ansehnliche Weinberge. Man sieht in diesem Teile der Stadt fast nichts als Bäume und Gärten, zwischen welche die Häuser nur sparsam hervorragen. Große Meiereien und Schäfereien findet man hier in der Stadt, und in einem Teil derselben sieht man Kornfelder von fünf- bis sechshundert Ruten lang. Kurz, man findet hier alles zum Nutzen und Vergnügen zusammengedrängt, um selbst daraus Nutzen zu ziehen und sich vergnügen zu können.

Den Umfang der Stadt rechnet man auf dritthalbe Meile, und darinnen stehen nur ohngefähr zehntausend Häuser, ohne der öffentlichen Gebäude, das übrige sind alles geräumige Plätze. Es trägt dieses zur Reinigkeit der Luft und zur Gesundheit viel bei.

Diese zehntausend Häuser enthalten auf hundertundfunfzigtausend Einwohner, und da wird gemeiniglich ein Haus zu funfzehn bis sechzehn Einwohnern gerechnet.

Es wohnen hier die mehresten Personen und Familien zur Miete, selbst Minister und Generale haben gemietete Zimmer in großen Häusern. Ohnerachtet die Häuser so voller Menschen stecken, so leidet doch die Gesundheit nicht dabei, weil die Häuser nicht zu hoch und die Straßen nicht zu enge sein. –

Berlin nimmt durch die Menge von Fremden, die täglich dahin kommen, ungemein zu, daher vergrößert sich der Anbau der Stadt. Der König hat in Zeit von zehn Jahren auf zweihundertfünfundsiebenzig Häuser aufbauen lassen.

Man sieht jetzt große Plätze, die sonst ganz frei waren, mit den schönsten Häusern besetzt. Die vielen Fremden, die sich hier niederlassen, haben freilich der Originalität des Nationalcharakters Schaden getan. Allein, es würde auch manches Gute nicht eingeführt sein. So hat Berlin zum Beispiel den Franzosen seine besten Fabriken zu verdanken.

Viele von Adel und Bürgerliche kommen dahin, arbeiten gerne einige Jahre umsonst, um hernach ihren Verdiensten gemäß in öffentliche Posten angestellt zu werden; und so findet man in Zivil- und Militärposten in den preußischen Landen eine Menge von Ausländern. –

Das Bauwesen in Berlin und Potsdam kostet dem König gewiß jährlich auf zweimalhunderttausend Taler, dadurch werden viele Menschen beschäftigt und ernährt, und die Errichtung so vieler neuen Häuser verschönert die Stadt.

Die großen massiven Häuser, die der König statt der alten erbauen läßt, verschenkt er an die Eigentümer. Freilich ist es dem zehnten nicht angenehm, ein so großes Haus zu bekommen, weil da natürlich mehr Mobiliei und im Winter mehr Holz erfordert wird, hingegen können sie auch mehr Miete aus so einem Hause ziehen.

Der König hat dabei gewiß die besten Absichten, allein, so gut sie auch sein mögen, so sind sie nicht vorteilhaft. Man geht mit dem Bau der Gebäude zu unvorsichtig und rasch zu Werke; daher geschieht es, daß sie oft baufällig werden, ehe sie noch ganz fertig sind. Ein Haus, das funfzehn- bis sechzehntausend Taler kostete, wird dann kaum um achttausend verkauft. Öfters stürzen sie auch von sich selbst ein, und sie müssen von Grund auf neu gebaut werden. Besser wäre es, wenn ein jeder Bürger sein Haus nach eigener Bequemlichkeit aufbaute und nur die öffentlichen Gebäude dem Staat überlassen würden. Hieran ist in Berlin wirklich Mangel. So ist zum Beispiel das Posthaus vor eine so große Stadt viel zu klein und zu enge, das Rathaus unansehnlich und zu schlecht. In dem Landeskollegio sind einige Zimmer so dunkel, daß man den ganzen Tag Licht brennen muß. Viele Kirchen sind klein und

Folgende Seiten:
Blick auf den Molkenmarkt.
Kolorierte Radierung von Johann Georg Rosenberg

schadhaft, die meisten Brücken baufällig und die Schulen den Gefängnissen ähnlich. Die Straßen sind an manchen Orten abscheulich gepflastert, so daß es bei Regenwetter schwer fortzukommen ist. Weil an vielen Orten gar keine Laternen brennen, so muß man bei Abend bis über die Schuhe im Kot waten.

Eine ganz sonderbare Bauart, die ich noch an keinem Ort gesehen, haben die Trödelbuden in Berlin; die mehresten sind an den Brücken angelegt; für einen Fremden ist es ein sehr sonderbarer Anblick, wenn er hier und da den elendesten Trödelkram in den prächtigsten Gebäuden herumhängen und -liegen sieht; an vielen Orten sind sie für die Fußgänger höchst beschwerlich, weil sie den Weg sehr schmutzig und enge machen. Es ist in den Gebäuden und den Trödelkram die auffallendste Karikatur, die ich je gesehen habe.

Die Polizei, insofern sie die öffentliche Sicherheit betrifft, ist unverbesserlich. Exzesse, die in andern großen Städten zur Abendzeit vorfallen, geschehen hier nur in der Mitte der Nacht an den abgelegensten Gegenden. Auch bei Feuersgefahr hat man wenig Exempel, daß mehr als ein Haus abgebrannt wäre. Aber in Ansehung der Bequemlichkeit ist es nicht so; die Straßen sind ohnerachtet ihrer Breite (Kölln und den höhern Teil von der Friedrichsstadt ausgenommen), entsetzlich kotig und stinkend. Der Fehler liegt hier teils daran, daß die Straßen nicht gehörig gereinigt werden, teils an den Straßen selbst; denn bei starken Regen strömt das Wasser auf der einen Seite hinauf und auf der andern herunter, und da ist es denn natürlich, daß der Kot austreten und liegenbleiben muß. Viele Familien haben in den Straßen, wo dieses Übel so häufig ist, eine Änderung auf ihre eigene Kosten treffen wollen, allein es wurde ihnen von der Obrigkeit nicht zugestanden. Es ist sehr schlecht, daß die Regierung auf so etwas nicht mehr Rücksicht nimmt.

Über die Zivil- und Militärerziehung in Berlin

Die Erziehung bei vornehmen und geringen Personen in Berlin ist so elend, daß es sich wohl der Mühe verlohnt, etwas darüber zu sagen, vielleicht, daß in mancher Seele die so vielfältigen und herrschenden Torheiten unterdrückt werden, wenn man durch wahre und ungekünstelte Erzählung das Laster entdeckt, Sitten und Tugend befördert und den Aberglauben von seinen Vorurteilen reiniget.

Man sollte nicht glauben, daß in einer Stadt, wo der Sammelplatz alles Schönen, alles Vortrefflichen und Außerordentlichen ist, die Sitten so ruchlos und verwildert, die Kenntnisse so elend und die Aufklärungen gleichsam noch in ihrer Kindheit sein. Inmitten der blühendsten Künste und Wissenschaften entdeckt man die auffallendsten Spuren der Barbarei und ungebildeten Natur.

Schon in der Wiege ist das Kind verderbt, mit der Muttermilch saugt es schon Laster in sich, die ihm zeitlebens anhängen. Leider ist es in unsern erleuchteten Zeiten sehr

Mode geworden, daß unsere Mütter sich des Vergnügens entziehen, ihre Kinder selbst zu stillen, man übergibt sie gleich nach der Geburt einer Amme. Die Delikatesse der Mutter, ihre Weichlichkeit und Stolz sieht es als ein verächtliches und widriges Geschäft an. Ich habe in verschiedenen Familien bemerkt, wo der Mann auf das Wohl seiner Kinder genau acht hatte, die Frau hingegen von dem Strom der herrschenden Mode hingerissen war, sich aber dennoch nach den Befehl ihres Mannes richten und ihr Kind selbst säugen mußte, daß sich solche jederzeit bei diesem Geschäft in eine Kammer verschloß, bloß dieserwegen, um es nicht wissen zu lassen, daß in ihrem Hause noch so eine niedrige Gewohnheit eingeführet sei.

Das Frauenzimmer, welcher ein solches Kind anvertraut wird, ist gemeiniglich von der niedrigsten Klasse des Volks. Ihre schlechte Lebensart und verderbte Sitten brachten sie in den Zustand, Mutter zu sein, aber ihre Niedrigkeit und Armut setzten sie außerstand, ihr Kind selbst zu ernähren; daher blieb ihr nichts weiter übrig, als sich in ein vornehmes oder doch wenigstens gutes und anständiges Haus als Amme zu vermieten, und dieses findet sie sehr leicht…

Viele Mütter gestehen selbst ein, daß sie die Kinder, die sie nicht selbst gesäugt hatten, gegen die andern nicht leiden konnten und diejenigen sichtbar mehr liebten, die ihre Brüste selbst genährt hatten, als jene, die von den Ammen gesäugt worden waren.

Dies sind aber nicht die einzigen Übel, die eine solche schändliche Gewohnheit erzeugt, es sind noch weit schlimmere, die daher ihren Ursprung nehmen.

Man kann sicher behaupten, daß diese Gewohnheit die Lasterhaftigkeit liederlicher Weibspersonen befördert und dem Laster der Hurerei die Türe öffnet. Die gute Pflege, reichliche Versorgung und ausnehmende Achtung, welche solche Personen genießen. reizt viele leichtsinnige Mädchen, ein Laster mit weniger Gewissenhaftigkeit zu begehen, da sie ihr besseres Auskommen damit verknüpft sehen. Es wird auf diese Art die Ausschweifung noch mehr vermehrt, und jede freche Weibsperson wird für ihre Untugenden belohnt.

Ein anderes vom Vorurteil erzeugtes Übel, welches weder das Warnen der Ärzte noch die Stimme eines jeden Vernünftigen bis jetzt hat ausrotten können, ist das Einwickeln und unsinnige Wiegen bei den Kindern. Es ist eins so unvernünftig als das andere. Durch das erstere werden sie im Wachstum gehindert, sie werden oft schief, und die beständige Angst, worinnen sie dieser Kerker erhält, schwächt ihre zarten Nerven und verhindert ihre Kraft; die Einpressung der Glieder, die gehinderte Bewegung und der viele Schweiß, der wie Perlen auf ihren Gesicht stehet, ermattet sie. Die Unbeweglichkeit hält auch den Kreislauf des Geblüts auf und erzeugt Krankheiten, deren Ursachen der Arzt vergeblich zu erforschen sucht.

Wie froh ist nicht so ein armes Geschöpf, wenn es aus seinem Panzer ausgeschält wird, und wie unwillig wird es, wenn man es wieder in denselben einwickelt.

Das zweite, nämlich das Wiegen, geschieht oft mit solcher Gewalt, daß das Kind in einem beständigen Taumel ist. Mit offnen Augen erwartet es die Süßigkeit des Schlafes, heftet mit starrem Blick die Augen auf einen Gegenstand und lernt dadurch leicht schielen; es hat alsdann, weil es meist zum Schlaf gezwungen wird, bange unruhige Träume, und da seiner Denkkraft durch das unsinnige Schwanken nicht Zeit gelassen wird, einen Ruhepunkt zu fassen, so wird es lange, ehe sie sich zu entwickeln fähig ist.

Wenn nun das Kind endlich alle diese Martern mit vieler Mühe überstanden hat und aus den Händen solcher Mörderinnen entrissen worden ist, so schickt man es in die Schule, und dazu können es nur die Schmeicheleien des Lehrers und der Eltern bringen, nicht aber die Ehrfurcht, die das Kind vor sie fühlen sollte, auch nicht ihre Drohungen, können dieses auswirken. Der mutwillige Knabe und das verzärtelte Mädchen kann den Zwang des Lehrers auf keine Art erdulden, es ist ihnen unmöglich, sich zur Strenge und Ordnung zu bequemen. Die Wildheit der übrigen Kinder ist ihnen daher willkommen, und die Zügellosigkeit und schlechten Streiche können sie allein bewegen, an einen Ort zurückzukehren, wo sie zwar dieser Zeitvertreib erfreut, aber die Lehrbegierde nie reizt.

Die Eltern bekümmern sich übrigens um ihre Aufführung und Betragen sehr wenig, der Zuwachs ihrer Kenntnisse, die Verfeinerung ihrer Sitten, die Kultur ihres Verstandes ist ihnen so gleichgültig, daß sie sich nie bemühen, darnach zu fragen oder die geringste Nachricht davon einzuziehen. Ihre Vergnügungen, Lustbarkeiten, Bälle, Pickenicks und dergleichen beschäftigen sie viel zu sehr, als daß sie auf die Erziehung ihrer Kinder Rücksicht nehmen sollten. Sie erfahren dahero nie eher etwas von ihren Kindern, als bis etwan der Lehrer oder das Frauenzimmer, die der Erziehungsanstalt vorstehen, kommen und sich über die Wildheit des Knabens oder Mädchens beklagen; hier hört denn Vater und Mutter die boshaften Streiche ihres Söhnchens und Töchterchens mit innigsten Vergnügen an und brechen bei der ernsthaftesten Schilderung derselben in ein unbändiges Gelächter aus. Haben wirs denn in unsrer Jugend besser gemacht? fragen sie. Der Vater steckt alsdann dem Lehrer ein Geschenk an Gelde in die Hand mit dem Bedeuten, daß seinem Lieblinge ja nichts zuleide geschehen soll, und damit ist alles vorbei.

Ebenso werden junge Frauenzimmer in den sogenannten Pensionen mehr zur Galanterie als zu nützlichen Wissenschaften gebildet. Putz und Tändelei vertreten hier die Stelle jener ernsthaften Beschäftigungen, die sie zu künftigen guten Gattinnen und Müttern bilden sollten. Statt der Lesung nützlicher Bücher vertreibt man die Zeit mit schlüpfrigen Romanen, l'Hombre, Whist und Trezetspiele, wodurch denn die jungen Herzen zu niedrigen Leidenschaften verderbt werden. Statt daß sie künftig gute Köchinnen, ökonomische Hausfrauen werden sollten, so sind sie lieber Meisterinnen in Moden und der Kunst zu gefallen; sie lernen lieber die schwere Kunst, das Herz eines Mannes zu fesseln, und besitzen noch dabei die Geschicklichkeit, das, was sie erworben haben, zu erhalten und auf das beste zu nutzen. Ein junger Mensch, der ihren Äußerungen und Zudringlichkeiten nicht Gehör gibt, wird für einen Menschen ohne Lebensart gehalten, er hat von ihnen beständig Sticheleien und Anspielungen zu erwarten, und seine guten Sitten werden als eine alte Mode geringgeschätzt. ›Der Mensch hat gar keinen Goût, sehen Sie nur, ma chère, was er vor altfränkische Schnallen trägt‹, spricht Demoiselle Jeanette zu Madam Bitau, wenn solche nicht von der einen Seite des Fußes bis zur andern reichen und auf die Steine aufklappen.

Wer solche Pensionen nicht für die besten hält, kann ohnmöglich den Ton der großen Welt verstehen. Es wird durch solche Vorurteile den zarten Seelen die Liebe zum Wunderbaren, Außerordentlichen und Großen eingepflanzt, und dies sind die wahren Quellen des Aberglaubens, die von Ge-

Blatt aus der Serie ›Die Ausrufer von Berlin‹.
Radierung von Johann Karl Wilhelm Rosenberg

schlecht zu Geschlecht weiter fortgepflanzt werden.

Man sollte es kaum glauben, wenn man alle den Unsinn von Vorurteilen, Aberglauben, Gespenstergeschichten, Kobolden und Wahrsagerinnen in dieser so aufgeklärten Stadt erzählen sollte. Die Ammen und Dienstboten, die täglich um die Kinder sind, erhalten diese Narrheiten noch recht in ihrem Werte durch ihre abenteuerlichen Erzählungen, die sie noch mit einem hohen Schwur bekräftigen; durch diese niedrige Klasse von Menschen werden eben die jungen Leute verdorben. Das Kaffeegießen, Bleischmelzen und dergleichen Possen ist hier noch immer zu gewissen Jahreszeiten stark Mode, so daß sich viele Leute davon ernähren, und ich weiß nicht, ob man sich mehr über die List solcher Personen, die diese Künste treiben, oder über die Dummheit derer, die sich betrügen lassen, wundern soll. –

Die Erziehung des gemeinen Volks ist ebenfalls nicht besser, man vertraut einem Manne, von dem man nicht weiß, ob er zum Unterricht der Jugend geschickt oder ungeschickt ist, seine Kinder an, ohne ihn erst zu prüfen. Ein jedes Handwerk, es sei auch so gering es immer wolle, duldet keinen unter sich, der nicht eine Probe seiner Geschicklichkeit vorher abgelegt hat; sollte man dieses nicht auch von einem Manne fodern, der so einem wichtigen Geschäfte vorstehen will?

Man darf sich daher nicht wundern, wenn die Jugend in Berlin eine so außerordentliche Wildheit und Ungezogenheit besitzt. Daher kommt die sittenlose Lebensart und die ausgelassene Frechheit, die sie so sehr berühmt macht; man pflegt in andern Städten, wo so eine Frucht der berlinischen Erziehung hinkommt, gemeiniglich zu sagen: ›Er ist von berlinischer Zucht.‹ Ein Sprichwort, das ihnen wenig Ehre macht. Diese große Frechheit und Verwegenheit in ihren Charakter hängt ihnen zeitlebens an, sie äußert sich bei allen ihren Handlungen, je älter sie wird, desto unbezwinglicher wird sie, und nichts als die harten Strafen der Obrigkeit kann ihren Mutwillen Einhalt tun. Wehe einem Dieb, wenn er unter die Rotte der sogenannten Berliner Straßenjugend gerät, er erhält da gewiß seine Strafe dreifach, die er oft nicht verdiente, ehe er in die Hände der Obrigkeit geliefert wird.

Ihre Spiele, wenn man sie ganz in ihrer Ausgelassenheit sieht, sind ebenfalls ein Beweis ihrer rohen Seelen; sie gehen selten ohne Unordnung, Zank und Schlägerei vorbei. Oft macht die Hitze des Spiels, daß sie alle Mäßigkeit vergessen, und die Übertretung der Gesetze ihrer Spiele sind oft mit grausamen Strafen verbunden. Man hat mir versichert, daß noch vor einiger Zeit eine Rotte von Jungen beim Soldatenspiel ihre Deserteurs wirklich erhenkten; ihr Vorsatz war freilich nicht, daß der Verbrecher umkommen sollte, sondern er sollte nur die Strafe auf ein paar Minuten fühlen; aber weil sie die Zeit nicht genau beobachteten, so geschah es, daß sie ihn beim Abnehmen wirklich erdrosselt fanden. Die Urheber davon flohen alsdann aus Furcht und ließen die Unschuldigen zur Verantwortung und Strafe zurück.

Buben von dem frühesten Alter besuchen oft Kaffeehäuser, Billards und Hurenhäuser, und wenn sie auch von einigen solcher Häuser weggejagt werden, so gibt es doch andere gewinnsüchtige Leute genug, die sie aufnehmen. Es herrschen an solchen Örtern Schändlichkeiten, die nicht zu beschreiben sind; gerät eine noch unschuldige junge Seele unter diese Rotte, so ist gewiß auch Tugend und Rechtschaffenheit verloren. Man sieht oft, daß Buben, die von der Obrigkeit aus solchen Örtern geholt werden, öffentlich ausgepeitscht werden, aber dem ohnerachtet unterbleibt es nicht. Die unglücklichen Quellen, woraus diese Lasterhaftigkeiten entspringen, sind teils die bösen Beispiele der Eltern selbst, teils die schlechten Schulanstalten, und dieses wird auch gewiß nicht anders, bis einmal die Erziehung ganz eine Sache des Staats werden sollte; wenn dieses geschehen wird, wollen wir der großen Lehrmeisterin, der Zeit, überlassen.

Die Privaterziehung sollte wohl besser sein, aber leider ist sie ebensoschlimm als jene allgemeine. Sie ist nur durch Vermögen, Stand und Geburt, nicht aber durch edlere Erziehung des Herzens von ersterer unterschieden. Vornehme und reiche Personen geben ihre Kinder, wie bekannt, unter die Aufsicht eines Hofmeisters. Die Absicht dabei ist, sie zu Menschen zu machen, es ist dieses hier aber keineswegs der Fall. Die Art, wie diese Leute in die Häuser der Vornehmen kommen, ist sehr verschieden, weder ihre Geschicklichkeit noch Talente sind der Grund davon; meist gelangen sie durch die Rekommentation der Kammermädchen, die in vielen Häusern die erste Person spielen, zu dieser Würde, man sieht nicht auf seine Geschicklichkeit, ob er auch so einem wichtigen Geschäft vorstehen kann, es ist genug, wenn ihm das Kammermädchen für tüchtig hält; auf diese Art gelangen oft die elendensten Subjekte als Erzieher in eine Familie als Hofmeister von jungen unerzogenen Leuten, die sie gemeiniglich durch ihre Sittenlosigkeit verderben und durch ihre eigene Unwissenheit auch in der tiefsten Unwissenheit lassen. Man fodert nun von so einem Mann, daß er Mathematik, Naturgeschichte, Geographie und politische Geschichte verstehen soll; aber dieses sind Sachen, die er meist nur dem Namen nach kennt, und wenn nicht noch die Bücher, die er, wie es heißt, zum Grunde legt, seine Retter wären, so müßt er gewiß die Holzaxt statt des Unterrichts ergreifen.

Der Herr des Hauses, dessen Geschäfte es nicht zulassen, daß er sich um so eine Kleinigkeit, wie die Erziehung ist, bekümmern sollte, überläßt es seiner einsichtsvollen und verständigen Gemahlin; diese besorgt sie mit einer Klugheit, die ihrem hohen Geist vollkommen zur Ehre gereicht. Sommer und Winter wird um acht Uhr aufgestanden, eine Stunde braucht man zum Ankleiden, eine andere zum Frühstücken; dann, heißt es, gehts zur Arbeit. Aber, lieber Gott! was heißt hier arbeiten? Wahrhaftig nicht den Namen verdient es; denn wie kann ein Mann, dessen Geschicklichkeit nicht so weit reicht, seine Untergebene mit den Grundsätzen der Wissenschaft bekannt zu machen, wie kann ein solcher ihnen dasjenige lernen, was doch seine Schuldigkeit wäre, ihnen beizubringen? Wird er nicht selbst seinen Zöglingen zum Gelächter, wenn sie seine Unwissenheit entdecken?

Allein er weiß sich durch seine Klugheit doch herauszuhelfen; da er von seinen jungen Jahren her etwan noch ein bißchen Latein aus dem Kornel im Kopfe hat, so läßt er denn ihnen weislich immer Lateinisch lernen, damit diejenigen Stunden, die zu andern Wissenschaften angewendet werden sollten, verfließen. Fehlt ihm auch dieses, nun so hilft er sich mit Vorlesen rührender Stellen aus Romanen oder lustigen Anekdoten aus dem Vademecum, die denn natürlich der lieben Jugend ungemein gefallen, weil sie nichts weiter dabei zu tun haben, als zuzuhören.

Aber auch diese Stunden, die auf eine so läppische Art verdorben werden, gehen oft durch andere Vergnügungen und Lustbarkeiten der Familie, wo der Informator mit zugegen sein muß, verloren. Die Dame ist eine große Liebhaberin von Komödien und Romanen lesen; da muß denn der Hofmeister das Amt eines Vorlesers verwalten, er muß alles beiseite legen und der Dame vorlesen, wenn ein neuer Roman oder ein neues Schauspiel aus dem Buchladen ankommt, und wer da nicht mit empfinden, nicht mit siegwartisieren kann, ist in ihren Augen kein Mensch von Talenten und Geisteskraft. Der Hofmeister, der hierbei seinen Vorteil findet, zerschmilzt bei einer jeden empfindsamen Stelle, welche der Dame gefällt, in Wonnegefühl und himmlisches Entzücken.

Bei so einer schönen Lebensart wird ihre Wirtschaft und Kinderzucht unvermerkt in ein Chaos versetzt, aus welchem sie sich nicht zu finden weiß. Die Seelen ihrer Kinder werden nicht ausgebildet, ihre natürliche Fähigkeit wird unterdrückt, und ihr Gehirn wird mit lauter phantastischer Einbildung angefüllt, die sich durch keine Bearbeitung und Grundsätze der Vernunft wiederherstellen und verlöschen lassen. Die Kinder bleiben unwissend, ihre wenigen Kenntnisse werden durch keinen Zuwachs irgendeiner Wissenschaft vermehrt, ihre Sitten sind roh und ungebildet.

Wie ist es möglich, wird mancher fragen, daß so ein Mensch ohne Geist und Fähigkeit in einer Familie geduldet werden kann? Diese Frage kann sich ein jeder leicht selbst beantworten: Das Amt eines Vorlesers gibt ihm in den Augen der Dame ein großes Gewicht, das Herz der Kinder, dessen er sich durch unerlaubte Mittel bemächtiget hat, unterstützen ihm in seiner Lage, und andere verborgene Geschicklichkeiten befestigen ihn darinnen. Er sucht sich ferner durch niedrige Gefälligkeiten und verächtliche Kunstgriffe angenehm und unentbehrlich zu machen. Er ist der lügenhafteste Schmeichler der Dame, der beständige Lobredner ihrer geringen Schönheit, und seine ganze Aufmerksamkeit geht nur dahin, sich ihr gefällig zu machen. Ihre Mienen und Bewegungen studiert er aufs genauste, jedes Wort von ihr ist ihm wichtig, jeder Blick, den sie auf ihn wirft, ist ihm Befehl, und eine jede verächtliche Handlung begeht er ohne Erröten.

So sehr kann uns unsere Unvollkommenheit und Schwäche erniedrigen. –

So gewiß dieses alles, was ich jetzt gesagt habe, ist, so darf man es doch nicht allgemein nehmen. Es gibt schon noch hier und da würdige Männer, die sich das Geschäft der Erziehung zur einzigen Pflicht machen.

Es gibt auch noch rechtschaffene Väter, die keine Empfehlung des Freundes, keine Bitte ihrer Frau, noch viel weniger den Fürspruch ihrer Domestiken achten, die selbst den Mann prüfen, den sie wünschen, und den sie, wenn er von ihnen tüchtig befunden wird, nicht als einen Bedienten, sondern als Freund behandeln.

Öffentliche Schulen

Das Joachimtalische Gymnasium und das Graue Kloster sind ein paar der schönsten Zivilerziehungsanstalten in Berlin. Erstere ist ohnstreitig eine der besten Schulen im Lande; alle Lehrer darinnen sind überaus geschickte Leute. Ihre vereinigten Bemühungen und sorgfältigen Arbeiten sind vor sie ein großer Ruhm, und der Geist der Ehrbegierde, der in den Seelen der jungen Schüler herrscht, belebt ihre Tätigkeit noch mehr. Was diese Schule gegen andere besonders auszeichnet, ist der große Fonds, wodurch sie sich selbst unterhält und ihre Lehrer sehr anständig besoldet. Sie sind nicht mit so vielen Arbeiten überhäuft, und da sie gerade das Fach lehren, worinnen sie die größte Stärke besitzen, so ist der Nutzen davon sehr sichtbar.

Das ganze Gymnasium ist in fünf Klassen eingeteilt. Das Latein hat den Vorzug und bestimmt die Rangordnung der Schüler. Die Schüler selbst werden in zwei Klassen abgeteilt: Die erstern wohnen im Gymnasium und erstreckten sich auf hundert und etliche funfzig, die andern wohnen bei ihren Eltern in der Stadt. Erstere zeichnen sich durch ihr Äußerliches besonders aus und tragen noch Spuren jener Wildheit, die vor zwanzig Jahren in dieser Schule herrschte, an sich. Zum Beispiel ein großer Hut, dessen Spitzen bis über die beiden Achseln hervorragen, große weite Stiefeln, einen langen dicken Zopf und große bepuderte Seitenlocken, aus deren jede ein Dampf von Puder hervorqualmt, wenn sie einige Bewegungen mit dem Kopfe machen.

Es hat sich aber doch diese Art von Renommisterei durch die Bemühung des vortrefflichen Rektors Meierotto so ziemlich gelegt, und mit der Zeit wird er es noch gänzlich auszurotten suchen. Ohnerachtet sie aber auch im Äußerlichen einen wilden und rohen Anstand haben, so sind sie dieses doch nicht in ihren Sitten und Betragen. Sie verabscheuen die schlechte Aufführung und lassen sich die Befolgung der Gesetze eine heilige Pflicht sein. Alle halbe Jahre ist Examen, wo sie nach Beschaffenheit ihrer Kenntnisse in höhere Klassen versetzt werden. Zu Ostern ist das große öffentliche Examen; hier erhält im Beisein der Schulräte, des Minister Zedlitz und anderer angesehene Personen ein jeder Schüler das Urteil seiner Lehrer, auch bekommen zwei der Besten aus jeder Klassen eine Prämie, die in Büchern besteht. Die Nachlässigen werden getadelt, die zum Studieren untüchtig befundenen werden auf eine andere Lebensart verwiesen, und die den Vermahnungen ihrer Lehrer nicht Folge leisteten, bekommen gänzlich den Abschied.

Die Inspektoren, die als Aufseher der Schule betrachtet werden, sind nicht alle von der Beschaffenheit, wie sie es wohl sein sollten, die meisten verstehen von der Erziehung wenig oder gar nichts. Wenn der Aufseher eines Jünglings in ebendem Alter mit ihm ist, so fällt schon die Achtung gegen ihm weg, und dies ist eben hier der Fall. Oft studierten die, die Aufsicht über die jungen Leute haben sollten, mit ihnen zugleich in dem nämlichen Gymnasium, oft speiseten sie an einem Tisch und waren Stuben- und Schlafkameraden. Alles dieses macht sie in den Augen ihrer Untergebenen klein, sie kennen ihre Schwächen, und dadurch wird ihre Hochachtung verringert. Alles dieses empört den Unwillen des Schülers und gibt oft zu Schikanen und häufigen Verdrüßlichkeiten Anlaß.

Das Graue Kloster, so unansehnlich es von außen ist, so sind doch seine inneren Einrichtungen sehr gut. Es wohnen hier nicht soviel junge Leute als im ersteren, sondern sie sind meist zu Hause bei ihren Eltern oder Verwandten.

Nachdem Büsching in diese Schule kam, so wurde sie weit besser als erst, er suchte sie von ihren Mängeln und Gebrechen zu reinigen, Wildheit und Zügellosigkeit wurden daraus verbannt, Ordnung, Regelmäßigkeit und Sittsamkeit hingegen kamen an ihre Stelle. Das große Vermögen, welches ein ehemaliger Schüler dieses Gymnasiums, der als Kaufmann in Venedig starb, dahin vermachte und welches Büsching sehr gut anzuwenden wußte, hat ebenfalls zur Verbesserung desselben viel beigetragen. –

Noch befinden sich in Berlin an öffentlichen bürgerlichen Schulen das Friedrichwerdersche und Friedrichstädtsche Gymnasium und die Realschule; bei ersteren ist Herr Gedicke Direktor, er hat sich durch seine Geschicklichkeit und Fleiß sehr um diese Schule verdient gemacht, so daß sich jetzt die Anzahl der Schüler auf hundertundfunfzig beläuft, die sonst kaum sechzig war. Er hat eine deutsche Lesebibliothek zur Bildung der Jünglinge errichtet, die ungemein viel Nutzen schafft. Sie besteht aus den besten Dichtern und Prosaisten, Reisen und historischen Werken. Ein jeder Schüler zahlt monatlich vier Groschen, wofür immer neue Bücher angeschafft werden, einer der ältesten hat die Kasse, und ein anderer führt ein Journal über die ausgeliehenen und eingekommenen Bücher. Übrigens herrscht hier viele Ordnung und Sittsamkeit, und es werden hier die besten jungen Leute zum Nutzen des Staats gebildet.

Die Realschule scheint sich ihrem Verfalle immer mehr und mehr zu nähern, wenigstens ist jetzt ihre glänzende Periode vorüber, die großen Männer, die sonst eine Zierde dieses Gymnasiums waren, sind dahin, und den jetzigen fehlt es an Nachdruck. Es sind meist junge Männer, die als Lehrer und Aufseher der Jugend angestellt sind, vor welchen die Schüler nicht die geringste Achtung haben. Daher gibt es hier viele ausschweifende junge Leute.

Bei ihrer öffentlichen Prüfung sind meist Frauenzimmer mit zugegen, die gar nicht fähig sind, die Kenntnissse eines jungen Menschen zu beurteilen. Es werden da lange Reden in russisch, hebräisch und malabarischer Sprache gehalten, physische Experimente mit untermischten Bonmots gemacht, wodurch die Anwesenden belustigt werden und ihren faden Witz mit lauten Gelächter an den Tag geben. Wer die Einrichtung dieser Schule kennt, wird an der Wahrheit der Sache nicht zweifeln und mir in dieser kurzen Schilderung Gerechtigkeit widerfahren lassen.

Öffentliche Militärschulen

Wie sehr dem Monarchen an der Wohlfahrt seiner Untertanen, in Absicht auf die Erziehung, gelegen ist, beweisen die Ecole militaire und das Kadettenkorps. Ersteres besteht aus etliche sechzehn bis zwanzig jungen Edelleuten, die in allen, was zur Kriegswissenschaft zu erlernen nötig und nützlich ist, unterrichtet werden. Wenn sie sechzehn Jahr alt sind, verteilt sie der König unter die Regimenter. Sie sind beständig unter der Aufsicht ihrer Gouverneurs und werden jederzeit, wenn sie ausgehen, von ihren Bedienten begleitet, die genau auf sie acht haben müssen. Nächst dem Unterricht in den Wissenschaften bekommen sie auch Unterweisung in allerhand ritterlichen Übungen und werden in Kleidungsstücken und Essen sehr gut unterhalten.

Sie dürfen fast nichts anders als französisch sprechen; daher kommt es, daß sie oft ihre Muttersprache darüber vergessen. Man findet unter ihnen die artigsten und gesittetsten jungen Leute, sie zeichnen sich hierinnen vor allen andern besonders aus, sie werden daher auch von dem Monarchen und ihren Generals besonders geliebt, und dieses spornt den Eifer und die Ehrbegierde ihrer Kameraden an, einer gleichen Ehre teilhaftig zu werden.

Der König nimmt an dieser Kriegsschule den tätigsten Anteil, und wenn sie ihm in ihren sechzehnten Jahre zur Musterung vorgestellt werden, so sieht man an den huldreichsten Blicken des Monarchen, wie sehr ihm diese Erziehung gefällt; seine Leutseligkeit und Freundlichkeit, mit der er sie empfängt, wie er nach ihren Familienumständen fragt und die übrige Aufmerksamkeit, deren er sie würdigt, zeigt seine Zufriedenheit deutlich an. –

Die Erziehungsanstalt des Kadettenkorps, welche wohl aus dreihundert jungen Edelleuten besteht, ist ebenso vortrefflich. Strenge mit Ordnung, Subordination mit Disziplin und Arbeitsamkeit mit abwechselnden Vergnügen und Ruhe herrscht hier ungemein. Der junge Zögling lernt hier alles, was ein guter Soldat wissen muß, und er würde noch mehr lernen können, wenn die Einrichtung besser und wenn bei der großen Anzahl von Schülern mehr Lehrer wären. Da diese jungen Leute aus verschiedenen Provinzen her sein, wo noch viele rohe unkultivierte Sitten herrschen, so findet man vielerlei Charaktere beisammen; es ist daher ohnmöglich, daß die Sitten durchaus rein und lauter sein können.

Man darf es in dieser Rücksicht nicht dem Hause beimessen, worinnen sie erzogen werden, als vielmehr dem ungünstigen Schicksal, daß sie in einem solchen Lande geboren wurden. Viele wollen behaupten, daß der Unterhalt dieser jungen Krieger ihrem Stande nicht angemessen sei, allein dieses ist falsch: Der Unterhalt eines jungen

Blick auf den Hackeschen Markt.
Kolorierte Radierung von Johann Georg Rosenberg

Soldaten darf nicht prächtig sein, er muß schon beizeiten einiges Ungemach ertragen lernen, um im Alter die größern Beschwerden aushalten zu können. Genug, daß sie reinliche und gute Kost bekommen, wenn sie gleich nicht delikat und prächtig ist.

Der Menschenforscher und Physiognom kann hier ein reiches Maß von Beobachtungen über die Seele und Gemütsart dieser jungen Leute sammeln. Bei dem Essen kann man genau die Reichen von den Armen, den zärtlich erzogenen von den rohen unterscheiden. Dem Reichen schmeckt es nie so wie dem Armen, in letztern seiner Miene herrscht kein Überdruß und Ekel, sondern lauter Genügsamkeit und Zufriedenheit, und dieses gilt auch bei dem Zärtlichen. Dieser stört auf seinen Teller in den Speisen herum, in der Meinung, etwas zu finden, was seinen Gaum kitzelt, dahingegen der Rohe alles begierig speist und sich nicht daran kehrt, ob es schmackhaft oder nicht schmackhaft ist.

Theater

Das Theater in Berlin ist vor eine so große und volkreiche Stadt sehr schlecht. Von außen hat es ein schlechtes Ansehen, ist dabei winklig, enge und ist nicht viel größer als das Theater im Lerchenfelde zu Wien. Der Direktor, Herr Doebbelin, unterläßt zwar nichts, was zum Glanze der Bühne etwas beitragen könnte, allein es will doch nicht gehen. Die Ursache davon ist, weil es die Unternehmung eines Privatmannes ist, und diese hat selten, ohne Unterstützung des Hofs, denjenigen Nachdruck, den ein solches Unternehmen verlangt. Die Einnahme besteht wöchentlich ohngefähr in tausend Talern, und man sollte glauben, daß von einer Summe von zweiundfunfzigtausend Talern jährlich gute Akteurs und Aktricen gehalten werden könnten; aber es sind der guten Akteurs kaum viere und der guten Aktricen höchstens nur zweie. Es gibt einige angesehene Familien in Berlin, die sich viel Mühe geben, eine Schauspielertruppe nach den Regeln der Kunst und des Geschmacks zu bilden, und bei einigen war auch die Mühe nicht ganz fruchtlos; allein weil das Berliner Theater eine beständige Fluktuation von ein- und auswandernden Schauspielern ist, so sind die Bemühungen zur Bildung des Geschmacks meistens verloren, und Berlin genießt nur selten die Früchte dieses patriotischen Eifers und verliert frühzeitig diese guten Subjekte.

Der Direktor gibt sich alle Mühe, das Publikum zum Freund zu behalten, er debütiert sehr oft neue und prächtige Stücke, er sucht das Kostüm der Kleidung und Dekoration genau nach der Lage der Umstände, der Zeit und der Personen zu bestimmen und will sich gerne auf diese Art den Beifall des Publikums erwerben. Aber ohnerachtet er dieses tut, so sieht er sich sehr oft in seiner Hoffnung getäuscht; wenn er glaubt, halb Berlin in seinem Schauspiel zu sehen, so muß er leider erfahren, daß es leer ist.

Ein Beweis, daß sein Geschmack mit dem Geschmack des Publikums nicht harmoniert.

Auf diese Art glaubte er vor einiger Zeit dem Publikum einen großen Gefallen zu erzeigen, wenn er Lessings Meisterstück, ›Nathan den Weisen‹, aufführte. Alle mögliche Anstalten, welche mit großen Kosten verknüpft waren, wurden getroffen, um es recht splendid zu machen. Herr Doebbelin aber hatte den unglücklichen Einfall, den Nathan zu machen, da er doch lieber die Rolle des Sultans hätte spielen sollen (weil er in Sultans- und Satrapenrollen eine außerordentliche Stärke besitzt). Die übrigen Schauspieler hatten ihre Rollen gut studiert, und

Brockmann als Hamlet.
Radierung von J. D. Heidenreich

jedermann erwartete die Vorstellung des Stücks mit Ungeduld; allein nur eine geringe Anzahl von Zuschauern fanden sich im Schauspielhause ein. Der größte Teil glaubte, aus dem Namen des Schauspiels, einen biblischen Gegenstand zu finden; daher blieb das Haus leer.

Die erste Vorstellung tat nicht die geringste Wirkung, die man sich davon versprach. Es fand keine Interesse, keine Rührung, die man bei so einem Stück erwarten konnte, statt, alles blieb kalt, und so auch bei der zweiten und dritten Vorstellung.

Das einzige, was noch den Reiz der Neuheit und der Interesse dem Berliner Schauspiel gibt, sind die Menge der fremden Akteurs, die dahin kommen, eine Gastrolle spielen und dabei dem Publikum ihre Stärke in der Schauspielkunst zeigen; dieses lockt denn manchen Freund des Theaters, dahin zu kommen, ob sich gleich wenig gute Akteurs darunter befinden. Es ist fast unmöglich, daß eine so große Stadt ohne Vergnügungen solcher Art sein kann, da es eine so große Menge von Müßiggängern und reichen Leuten daselbst gibt, deren Sinnlichkeit und Vergnügen auf so eine Art befriedigt sein will; wären sie anders von der Beschaffenheit, daß der Zuschauer befriedigt werden könnte.

Ein großer Fehler des Herrn Doebbelin ist auch noch dieser, daß er unter seiner Truppe eine Menge unnützer Personen besoldet, deren Geschicklichkeit gar nicht in Erwägung kommen kann. Das Gefühl von Mitleid und Erbarmen, sie durch den Abschied nicht brotlos zu machen, bewegt ihn, solche zur Last seiner Bühne und zur Unzufriedenheit des Publikums zu behalten. Aber so gut hier auch seine Gesinnungen sein, so schadet er sich seinem Vorteile gewaltig, und das Publikum verliert allen Geschmack an seinen Vorstellungen.

Was Brockmann, Schröder und Czechitzky der Bühne für Aufnahme verschafften, konnte man deutlich sehen, wie solche eine Zierde derselben waren; schon um ein Uhr des Mit-

Porträt von C. Th. Doebbelin.
Radierung von Daniel Chodowiecki

Schröder als Falstaff.
Kupferstich von Pippo

tags war kein Platz mehr zu bekommen, alle Logen waren zwei Tage vorher bestellt, die Hälfte von Menschen mußte allemal, wegen Mangel des Raums, zurückgehen; und bei ihren Abschied bezeigte man das sehnlichste Verlangen, sie bald wieder zu sehen.

Herr Doebbelin ist keines Bedauerns wert, da er selbst schuld daran ist und die Fröhlichkeit des ganzen Volks hemmt. Ein Zuschauer will vor sein Geld vergnügt, aber nicht durch unsinnige Aktion mißvergnügt gemacht sein. Wären nur acht Akteurs und Aktricen, so würde Herr Doebbelin Vorteil und das Publikum Vergnügen dabei haben; aber so ist es eine Beleidigung für letzteres, wenn seine Erwartung getäuscht wird.

Die großen pantomimischen Balletts, welche Herr Doebbelin ankündigt, sind erbärmlich. Sie bestehen aus sechs Paar Figuranten, zwei Solotänzern und aus noch zwei Paar Figuren, die ihre Pantomime trotz einem Faune spielen; und dieses sind die hiesigen sogenannten großen Balletts. Ordnung im Contretanz und Interesse des Ganzen darf man hier nicht erwarten; Gaukelsprünge, den Bacchanten ähnlich, daß man dem Mädchen zwei Spannen über das Knie aus der zweiten Etage sehen kann (was wird man nicht erst auf dem Parterr sehen können); dies ist alles, was sich dem Auge des Zuschauers darbietet, und dabei wird unaufhörlich Bravo gerufen.

Oper

Die Oper ist ebenfalls ein ganz unnatürliches Schauspiel. Es beschäftiget weiter nichts als das Auge und Ohr. Reizende Vokal- und Instrumentalmusik, schöne Malerei, entzükkender Tanz sind ihre ganzen Bestandteile, ob sie gleich dem Zuschauer in eine staunende Verwunderung setzt; so wirds ihm doch sonderbar vorkommen, eine wichtige Handlung singend vorgestellt zu sehen.

Es werden jährlich zwei Opern gegeben, wovon eine jede vier- bis fünfmal wiederholt wird; man besucht sie sehr häufig, und das Gedränge würde noch größer sein, wenn sie das noch wäre, was sie sonst war. Wie Madame Mara dieselbe mit ihrer Gegenwart beehrte, kannte man nichts Vortrefflichers in Berlin als die Oper; seitdem diese aber weg ist, fiel sie immer mehr und mehr.

Redoute

Diese wird wöchentlich zweimal gegeben, man findet aber keine solche Wildheit und Frechheit, für die sie so sehr ausgeschrieen ist. Ohngeachtet die Masken alle mögliche Freiheit genießen, so bedienen sie sich derselben auf eine sehr anständige Art. Es herrscht keine solche Ungezogenheit mehr wie sonst, besonders da keine Charaktermasken mehr geduldet werden; man hat sich über keine Unanständigkeit zu beklagen, deren nur niedrige Seelen fähig sein konnten. Die Furcht, bei einem unanständigen Betragen entdeckt und mit Schimpf und Schande aus der Gesellschaft verstoßen zu werden, hält einen jeden ab, grobe Unanständigkeiten zu begehen.

Der Ort, wo die Redoute gehalten wird, ist das prächtige Opernhaus, darinnen wird das Parterr mit dem Theater gleich hochgeschraubt; auf letztern tanzen die Adeligen und auf erstern die Bürgerlichen. Wenn man auch einen bloßen Zuschauer abgibt, so ist das Vergnügen, das man durch das Zusehen genießt, sehr angenehm; nur die Menge von Menschen und die mannigfaltigen Kontraste in den Masken sind allein hinreichend, sich stundenlang zu divertieren.

Bälle

Diese sinnreiche Erfindung der Franzosen sind nichts anders als Anlockungen der Liebe. Hier, wo das Gefühl der Sinnlichkeit durch eine sanfte Bewegung des Körpers erregt und durch das Rauschen der melodischen Musik die Leidenschaften fühlbarer werden, hier ist sehr oft der Tummelplatz der Liebe.

Der Mann, der sein Weib mit Inbrunst liebt, der glaubt, sie sei nur für ihn geschaffen, lebt in den Wahn, daß außer ihm kein Gegenstand sei, der sie erfreuen könne; aber wie sehr betrügt sich der arme Mann hierinnen, er wird hier selbst die Ursache seiner Leiden. Er führt sein Weib auf den Ball, lernt ihr Gegenstände kennen, die ihr vorher gänzlich unbekannt waren, hier erblickt sie eine neue Welt, sieht sich mit wollüstigen Schmeichlern umringt, die mit den süßesten Worten ihre Einbildungskraft erhitzen, das Gehirn des lieben Weibchens verdrehen und mit tausend Phantasien anfüllen.

Welcher unglückselige Tag für den gefälligen Mann, der von nun an so viele Ausschweifungen seiner Frau erdulden muß! Welche Szenen für den gekränkten Gemahl, wenn er Augenzeuge von der Untreue seiner Gattin wird! Er rast, tobt, verwünscht alle Vergnügungen des Lebens, schimpft auf Bälle und – unterzeichnet in wenig Tagen mit aller Gelassenheit auf den nächsten.

Dieses nämliche ist auch eine Folge der Pickenicks; sie unterscheiden sich nur wenig von den Bällen und oft nur durch den Namen. Man erscheint da mit aller möglichen Pracht, und oft tut es eine Familie der andern zuvor.

Auch hier hat der kleine Gott der Liebe sein Spiel, hier werden Herzen zusammengekettet, die sich vorher nie kannten, nie gesehen hatten. Der Tanz erhebt jede Leidenschaft und macht die Sinne fühlbarer. Jeder gefühlvolle Busen hebt sich mächtig empor, die Seele irrt in süßen Schwärmereien umher und sehnt sich nach Vergnügungen, die nur mit den Folgen einer späten Reue verknüpft sind.

Konzerts

Der Hang zur Musik ist vielleicht in keiner Stadt so groß als in Berlin, und dieses erstreckt sich auch bis auf die niedrigste Klasse des Volks. Eine Menge von Konzerten vereinigen hier beiderlei Geschlechter miteinander, die rührenden harmonischen Töne reißen die Seele des Jünglings und Mädchens zu den süßesten Entzückungen dahin, sie schmelzen vor Zärtlichkeit, tausend Empfindungen des Wonnegefühls und der Liebe drängen sich empor, und die Sehnsucht nach Gegenliebe wird heftiger als jemals. Der Drang nach allen Konzerten ist daher in Berlin sehr groß, es ist selten ein junger Mensch oder ein junges blühendes Mädchen, das sie nicht mit Vergnügen besuchte. Hier sind aller Augen auf den reizenden Sänger oder Sängerin geheftet, man lobt das schöpferische Talent ihrer Kehle, man bewundert und staunt. Jeder schätzt sich glücklich, von ihm angeredet oder nur bemerkt zu werden.

Die Konzerte, welche in den Kirchen zum Besten der Armen gegeben werden, sind zwar auf der einen Seite sehr löblich, aber auf der andern werden sie auch schändlich gemißbraucht. Die Absicht ist bloß, durch die Einnahme derselben den Unglücklichen zu unterstützen, und dieses gereicht der Menschheit zur Ehre; sie werden auch häufig besucht und von dem Publikum begünstigt. Sie sind aber leider (kaum sollte man's glauben) die Gelegenheit zu den größten Ausschweifungen.

Die leichtsinnige Jugend findet sich hier in zahlreicher Menge ein, durchstreicht alle Gänge des Gotteshauses und macht auf jeden weiblichen Gegenstand, von dem sie glauben, daß er ihre Mühe nicht unbelohnt läßt, förmlich Jagd. Sie vergessen, daß es das Haus Gottes ist, und profanieren diese heilige Stätte durch schändliche Reden und Gebärden, die das Auge des wahren Gottesverehrers auf das anstößigste beleidigen. Wahrlich! es ist etwas Schreckliches, daß man die Heiligkeit eines Ortes, der nur der stillen Andacht von Tausenden geweiht sein sollte, zu einem Tempel der Wollust macht.

Spaziergänge

Einer der angenehmsten Spaziergänge in Berlin, wo vornehmlich des Sonntags alle Stände vereiniget sind, um sich Erholung und Erquickung zu verschaffen, ist der Tiergarten. Hier ist alles untereinander vom Größten bis zum Kleinsten. Das Gewühl so vieler prächtig gekleideter Menschen, das Rauschen des Waldes, der Musik und das Lärmen und Geschrei so vieler Menschen macht dem Auge des Beobachters ein entzückendes Vergnügen. Es sind wenig Personen in Berlin, die diesen angenehmen Ort wenigstens nicht einmal in der Woche besuchten. Man ist vor den brennbaren Strahlen der Sonne in den schattigen Alleen gedeckt, man hat die Freiheit, allenthalben hinzugehen, und kein Ort ist eingeschlossen, wo man nicht frei hinkommen könnte.

Es gibt hier kein Mensch auf den andern Achtung, jedermann genießt die uneingeschränkteste Freiheit, die nur die Beschaffenheit eines solchen Orts mit sich bringen kann. Es ist dahero kein Wunder, daß dieses der Lieblingsort der Berliner ist und so stark besucht wird. Wieviel tausend Gegenstände fallen einem nicht in einer Minute in die Augen.

Hier erblickt man mit ernster Miene einen Mann, auf den niemand acht hat, weil er – simpel gekleidet; und doch ist er vielleicht ein Ruder des Staats. Dort geht ein junger Mann, prachtvoll und mit Geschmack angezogen, und zieht durch seine Kleider die Augen aller auf sich; aber auch nur die Kleider sind es, die ihn auszeichnen, denn er ist gewiß nur ein unwissender Sekretär. Hier stolziert gleich einem Pfau ein junges Mädchen im auffallendsten Theaterputze; ein Heer feuriger Jünglinge stürzen hinter ihr drein, verschlingen die unbesiegten Reize der Schönen und schätzen sich unendlich glücklich, nur einen günstigen Blick von ihr zu genießen. Kaum hat man dieses bemerkt, so sieht man eine ganze Menge junger Schönen, begleitet mit einer alten Gouvernante, langsam dahertraben. Die Alte beobachtet einen jeden Blick mit Argusaugen, und dennoch schleichen furchtsam niedergeschlagene Blicke der lieben Mädchen nach den jungen Stutzern, die sie nicht bemerkt. Mit wankenden Knien krächzt die alte Megäre beiher und erstickt das unsichtbare Feuer, das in den Busen dieser Huldgöttinnen auflodert, durch ihre furchtbare und drohende Miene; fragt man, wer diese Herde unschuldiger Seelen sei?, so heißt es: es ist eine

Pension. Solche und noch tausend andere Szenen fallen dem scharfsichtigen Beobachter leicht in die Augen und erwecken in ihm Bewunderung. Seine Bewunderung steigt aber bis zum Erstaunen, wenn er den Stand und Rang eines jeden einzeln entziffert.

Wer ist dieses junge Frauenzimmer in dem grünen seidenen Kleide, welches dort geradeüber sitzt? Es ist die Tochter eines Branntweinkrämers.

Wer war denn die Dame mit den zwei goldenen Uhren, die eben hier vorging? Sie war ehedem Magd eines Gärtners, dessen Kohl, Kraut und Rüben sie zu Markte brachte, hat aber jetzt einen Friseur geheiratet und ist durch den Tod ihrer Schwester, welche Mätresse war, zu einen ansehnlichen Vermögen gekommen. Der Herr in dem seidenen Kleide à la Carmelit und der Weste à la Marlebroug, welcher sie begleitete, war ihr Mann.

Auf diese Art sieht man eine Menge Personen, deren prächtige Kleidung Leute von Stande verrät, aber alle sind nur von mittelmäßigen oder gar niedrigen Herkommens.

Das lärmende Getöse der Janitscharenmusik lockt eine Menge Pöbel herbei und ergötzt sein rauhes Ohr durch die schmetternden Instrumente. –

Die Bekanntschaften, die man hier machen kann, und die Kenntnisse, die man von verschiedenen Personen sammlet, kann man leicht zu diesen Vergnügungen mitrechnen. Denn da ist der Sammelplatz von Hohen und Niedern, von Reichen und Armen, von Schönen und Häßlichen, von Originalen und Karikaturen, von Guten und Bösen; kurz, ein Ort, wo sich alles in einen Haufen zusammendrängt. Man kann hier ohne viele Mühe ein reiches Maß von Menschenkenntnissen sammlen, das man oft jahrelang vergeblich zu erreichen sucht.

Der Platz, wo sich alles vereinigt, ist ein halber Zirkel, dessen Peripherie mit den schönsten Eichen besetzt ist, unter deren Schatten man von der drückenden Sonnenhitze befreit wird. Man kann in den dabei erbauten Kaffeehäusern allerlei Erfrischungen bekommen und hat dabei die schönste Aussicht nach Charlottenburg und der Stadt.

Kaffeegärten

Diese liegen vor dem Potsdamer Tore und stoßen mit der Vorderseite an den Tiergarten. Sie werden auch häufig besucht. Es sind da einige Leute und geräumige Säle, wo man sich belustigen kann; jedoch sind sie nicht sonderlich angenehm; wenn im Sommer die Säle schon besetzt sind, so kann man sich im Garten wenig vor der Sonnenhitze schützen. Im Winter werden sie ebensohäufig besucht als im Sommer, man sieht da besonders des Sonntags eine zahlreiche Gesellschaft beiderlei Geschlechts versammelt, die sich bei Kaffee, Wein und Schokolade die Zeit verkürzen. Die Frauenzimmer sitzen, ohngeachtet des vielen Tobakrauches, mit unter den Mannspersonen, erzählen sich die Neuigkeiten der Stadt und der Welt, sprechen von Putz und neuen

Folgende Seiten:
Erste Promenade in Berlin.
Radierung von Daniel Chodowiecki

Moden oder lassen sich nach Gefallen auch von Mannspersonen unterhalten, bis der Abend herbeinahet, wo man sich von diesem Ort des Vergnügens trennt und andere ähnliche in der Stadt aufsucht.

Gesellschaften

Diese Institute, wenn sie nicht unbedeutende Kränzchen oder bloß Gelegenheiten zum Spiel und Schmausereien sind, haben großen Einfluß auf Bildung und Sitten der Berliner.

Die Namen und Einrichtungen solcher Gesellschaften sind sehr verschieden; bald heißen sie Klubs, bald Ressourcen, bald Gesellschaften, ja sogar einige Tabagien sind eine Art davon. In einigen kommt man täglich, in andern wöchentlich und wieder in andern, wenn es bestimmt wird, zusammen. Bei einigen werden Fremde zugelassen, bei andern nicht. Es wird daselbst über Verschiedenes gesprochen, gegessen, getrunken, gespielt, man findet in vielen Zeitungen, Journale, Schach und Billards. Für einen Fremden ist es sehr angenehm.

Man lernt dadurch die angesehensten Männer nach ihren Verhältnissen kennen; man hört Neuigkeiten und die darüber gefällten Urteile und dergleichen mehr. In vielen sind verheiratete und unverheiratete Frauenzimmer zugegen. Man ist hier nicht gezwungen, überall herrscht ein freies ungezwungenes Wesen, man kann über eine jede Sache frei sprechen, ohne zu befürchten, daß man nachteiligen Folgen ausgesetzt sei. Man ist nicht verpflichtet, die ganze Zeit in einer solchen Gesellschaft mit Einerlei hinzubringen, gefällt einem das Spiel nicht mehr, so geht man zum ersten besten anwesenden Frauenzimmer, unterhält sich mit solchem in willkürlichen Gesprächen, oder man setzt sich in einen Winkel und bemerkt die verschiedenen Denkungsarten und Handlungen der anwesenden Personen.

Zu solchen Gesellschaften werden nur die Mitglieder aus verschiedenen Familien, Ämtern und Beschäftigungen gewählt, durch deren Umgang man zur Bildung des Verstandes nichts Bessers wünschen kann als die Mitteilung der Ideen; die durch die Zusammenkunft mehrerer in öffentlichen Ämtern stehender Personen bewirkt wird. Auf diese Art bleibt man nicht eingeschränkt und pedantisch, man lernt eine Sache in ihrem wahren Gesichtspunkte kennen, hört die verschiedenen Urteile darüber, erfährt den Gang mancher Geschäfte, vernimmt (weil man vertraut genug ist) über öffentliche Angelegenheiten die freimütigsten Urteile, hört Erzählungen wichtiger Dinge, die einem begegnet sind und weswegen er seinen Freund um Rat fragt; kurz, der freie Ton, der die Berliner erhebt und beglückt, wird vorzüglich in solchen Gesellschaften gebildet und unterhalten.

Einen Fremden ist es dahero leicht, durch solche Zusammenkünfte freien Zutritt in den angesehensten Familien zu haben, den er in andern Städten mit vieler Mühe und dennoch fruchtlos suchen würde.

Diese Gesellschaften stiften noch mehr Gutes. Besonders sind sie eine Stütze der Armen. Kennt einer unter den Mitgliedern eine arme unglückliche Familie, so wartet er auf den Tag der Zusammenkunft, trägt die Armut und das Elend einer solchen Familie den andern Mitgliedern vor, wo er denn versichert ist, daß er durch milde Beisteuer ihre Armut, wo nicht ganz, doch größtenteils verringern kann. –

Geldunterstützungen für Arme sind in solchen Pickenicks und Gesellschaften allemal willkommen. Unter diese gehört vorzüglich das vortreffliche Konzert der berühmten Freimaurerloge ›Royal Yorck de l'amitié‹, dessen Hauptzweck die Unterstützung der Armen zur Absicht hat. Von der beträchtlichen Einnahme desselben wird nach Abzug der Unkosten der Überschuß den Armen geschenkt. Wie sehr gereicht nicht diese vortreffliche Einrichtung sowohl dem Stifter als Teilnehmer zur Ehre!

Es ist einer der schönsten Züge der Berliner der geschwinde Entschluß, Notleidenden zu helfen; es geschieht dieses ohne Sucht nach Ruhm und Dank. Hierinnen hat diese so unchristlich ausgeschriene Stadt vor vielen großen Städten Deutschlands den Vorzug.

Revue

Dieses ist die schönste Lustbarkeit, die man in Berlin hat; man sieht das wahre Bild des Kriegs in der angenehmsten Gestalt. Jeder, der sich von seinen Geschäften abmüßigen kann, wohnt diesem prächtigen Schauspiel bei. Früh um drei und vier Uhr muß man auf dem Platz erscheinen, wenn man fünfunddreißigtausend Mann bewaffnete Krieger und eine unzählige Menge Volks sehen will. Eine Menge von Wagen, Halbchaisen und Reitern fliegen im schnellsten Lauf den Augen vorbei. Das Gedränge, sonderlich in den Toren, ist oft so groß, daß man dabei oft um Uhren, Börsen und Schnupftücher kommt, wenn man solche nicht gut verwahrt.

Der Pöbel von Berlin ist bei dieser Gelegenheit so unbändig und grob, daß er bis in die Glieder der Regimenter eindringen würde, wenn ihn nicht eine Menge reitender Feldjäger mit Peitschenhieben zurücktriebe.

Es läßt sich kein schöneres Schauspiel denken als die Kriegsübungen der preußischen Armee. Man muß über die Ordnung, Geschwindigkeit und Fertigkeit erstaunen, die man hier erblickt. Alle Augenblicke wird man mit Manövers überrascht, die man nie vermutete und dachte. Jedes Kommando stellt neue Szenen, jeder Kanonenschuß neue Veränderungen in der Stellung, im Anrücken und im Feuer dar. Die verschiedenen Angriffe der leichten Reiterei auf die Infanterie, die Bewegung der schweren Reiter, das stete Feuern und Donnern der Kanonen sind Schauspiele, die das Auge des Zuschauers überaus entzücken.

Wenn im September zu Potsdam die Manövers gehalten werden, so ist die Landstraße von Berlin bis Potsdam mit einer Menge Menschen bedeckt. Weder Ungewitter noch Regen kann sie zurückhalten, sie ertragen gern eine Unbequemlichkeit, um nur diesen großen Schauspiel beiwohnen zu können.

Sonntagsparade

Diese gehört auch mit unter diejenigen Vergnügungen, die bisher die Berliner ergötzte. Ehedem versammelten sich alle Regimenter

Friedrich II. zur Wachtparade in Potsdam. Radierung von Daniel Chodowiecki

im Lustgarten und hielten da die Parade; jetzt aber hält sie jedes Regiment auf seinem Exerzierplatz. Die angenehme Musik lockt da eine Menge Menschen herbei, die sich daran ergötzen, und ob es ihnen gleich was Altes ist, so finden sie sich doch allemal ein. Regelmäßigkeit und Ordnung herrscht allgemein und verschafft einem, der es noch nicht gesehen hat, vieles Vergnügen.

Christmarkt

Hier ist es wie in Leipzig. Man kommt nicht dahin, um die Seltenheit und Schönheit der Waren, die sich da befinden, zu bewundern, sondern nur, um Menschen zu sehen. Des Abends wird er am häufigsten besucht, und da fällt freilich auch jeder Gegenstand besser in die Augen. Tausend Menschen kreuzen hin und her; von allen Seiten wird man gestoßen und gedrängt. Eine Menge von Wagen, die hin und her fahren, verursachen, daß man oft seines Lebens nicht sicher ist.

Hier werden Liebesgeschichten zur Reife gebracht, die sonst in keinem Fall stattfinden würden. Der dunkle Schleier der Nacht deckt sorgfältig mit seinen schwarzen Flügeln die Auftritte der Liebe. Man kauft dem Gegenstand seiner Liebe allerhand unbedeutende Kleinigkeiten, welche zu so einer Zeit oft mehr Eindruck machen als zu einer andern Geschenke von Wichtigkeit. Doch herrschen bei dieser Gelegenheit nicht solche Ungezogenheiten als wie in Leipzig.

Lindenpromenade

Diese ist im Sommer sehr angenehm und erquickend, man hat alles angewandt, um diesen Spaziergang bequem zu machen, und die Berliner sind den Männern vielen Dank schuldig, die es so weit brachten, worin sie jetzt ist. Schade, daß die schönsten von diesen Bäumen meistens absterben, woran vermutlich der Kalkstaub der neuerbauten Häuser schuld sein mag. Man setzt zwar immer junge Bäume an ihre Stellen, aber sie kommen nicht fort und verdorren, wenn sie eine Zeitlang gestanden haben.

Es wäre zu beklagen, wenn diese schöne Promenade eingehen sollte; Berlin würde da eine große Annehmlichkeit verlieren, und das Vergnügen der Einwohner würde sehr darunter leiden.

Öffentliche Bordelle

Diese Häuser sind hier in großer Menge und schaffen wirklich vielen Nutzen; doch sind sie mehr dem Ausländer als dem Einheimischen schädlich. Man urteilt dahero falsch, wenn man den Berlinern alle Tugend, Sittsamkeit und Keuschheit wegen solcher gefährlichen Häuser geradezu abspricht. Dem eingebornen Berliner sind diese Tempel der Venus bei weiten nicht so gefährlich als dem Fremdling; jener kennt ihre schlechte Seite, dieser aber meistenteils nicht; da sie ihm täglich und stündlich offenstehen, so erregen sie seine Neugierde nicht im geringsten, da hingegen dieser vor Begierde brennt, seine Neugierde zu stillen.

Die Furcht, den guten Namen zu verlieren, hält den Berliner auch davon ab, da den Ausländer hingegen nichts hindert, seinen Begierden freien Lauf zu lassen. Daher sind diese Häuser mehr der Sammelplatz liederlicher Ausländer als Berliner. Daß man daselbst Tugend, Sittsamkeit und Gerechtigkeit verhöhnt, die Unschuld mit tiefer Schmach brandmarkt, daß man Niederträchtigkeit und Schändlichkeit findet, wofür der Gute einen Abscheu und Ekel hat, bedarf keines Beweises.

Besonders hört man in den langen Winternächten von der zügellosen Jugend einen abscheulichen Unfug anrichten; sie rotten sich zusammen, durchstreichen die Wohnsitze der Buhldirnen, lassen sich Kaffee,

Folgende Seiten:
Der Berliner Christmarkt.
Stahlstich von Johann Daniel Schubert

Wein, Punsch und dergleichen geben, wobei denn solche augenblicklich Gesellschaft leisten und tapfer mittrinken. Wenn endlich der Wein seine Wirkung tut, so entstehen oft Streitigkeiten, teils mit den Huren selbst, teils mit den schon anwesenden Gästen, die ganze Stube oder Saal ist in kurzen in Verwirrung, die Huren fangen ein entsetzlich Geschrei an, Gläser und Bouteillen fliegen darinnen herum, und es entsteht nun eine förmliche Prügelei, wo denn der überlegene Teil den schwächern fortjagt und nach und nach aus Furcht vor der Wache selbst fortschleicht.

Der Wirt hat bei solchen Vorfällen den größten Schaden; denn nicht genug, daß ihm Gläser, Bouteillen und dergleichen zerschlagen werden, so muß er auch oft erfahren, daß er keinen Heller vor die Zeche bekommt und, wenn er viel Redens macht, noch obendrein mit einer guten Tracht Schläge bezahlt wird.

Zu bewundern ist, wie sich noch Leute finden können, die solche Wirtschaften übernehmen. Man irrt sehr, wenn man glaubt, daß sich viele dieser Mädchen wider Willen und nur mit Zwang in dergleichen Häusern aufhielten, daß sie hier eingesperrt und wie Gefangene behandelt würden oder daß die Hurenwirte allerhand Kunstgriffe und Überredungen anwendeten, um ein unerfahrenes Mädchen in ihre schändlichen Häuser zu locken, und daß sie, wenn sich eine schickliche Gelegenheit zeigte, aus denselben zu entwischen suchten. Es beweist, was ich jetzt sagen werde, das Gegenteil.

Die Obrigkeit schickte vor nicht gar langer Zeit in alle diese Häuser Kommissairs, die jedem Mädchen, sie mochte Schulden haben oder nicht, ihre Freiheit ankündigten; nun hätte man glauben sollen, daß der größte Teil derselben diese Gelegenheit mit Vergnügen ergreifen würde; allein zum Erstaunen aller Menschen fanden sich unter so viel Tausenden kaum drei bis viere, die einen solchen Ort des Lasters verließen. So sehr kann das Gefühl für Schande erstickt werden!

Liebe und Faulheit sind mehrenteils die Triebfedern zu einer solchen Lebensart; fast alle solche Buhldirnen kommen durch diese Laster ins Verderben. Die mehresten dienten sonst in vornehmen Häusern. Hier sahen sie die Üppigkeit und Wollust in ihrem Glanze, nahmen auch oft selbst Anteil daran, sie fanden Vergnügen darinnen, und die Arbeit wurde ihnen zur Last; da sie nun nicht selbst Mittel hatten, ihr Leben zu erhalten, so nahmen sie Zuflucht in diese Häuser der Wollust, um daselbst ihren Lastern freien Lauf zu lassen.

Es sind freilich nicht alle, welche sich gleich in diese Häuser begeben, daher kann man sie am besten in drei Klassen abteilen.

Die erste, die noch nicht ganz verloren wäre, wenn sie durch gute Beispiele und Lehren zur Tugend zurückgerufen würde, wohnt in einem Zimmer allein, beschäftiget sich mit allerhand leichter Arbeit, als Nähen, Putzmachen und dergleichen, und nur im geheimen treiben sie Unzucht. Diese sind ohnstreitig die besten; es gibt Mädchen darunter von vornehmer Geburt, die der Glanz ihrer Schönheit zum Laster verführte.

Die zweite Klasse ist schon weit geringer, und das sind solche, welche sich ganz davon nähren; sie halten sich Kupplerinnen, besuchen die Tanzböden und gehen des Abends aus, um sich den Unterhalt ihres Lebens zu erleichtern, sie sind schon ziemlich frech und verstehen recht gut, junge Mannspersonen in ihr Netz zu ziehen.

Die dritte Klasse ist nun die, wovon ich schon gesagt habe, sie wohnen nämlich bloß in Bordellen und nehmen mit jedem Opfer der Venus, das ihnen gebracht wird, vorlieb.

Man kann noch eine vierte Klasse zählen, die des Abends auf der Straße liegt und sich mit einer Schamlosigkeit, die allen Glauben übersteigt, jedermann anbietet. Nackt und bloß, ohne Gefühl für Ehre und Schande, leben sie hier in den allerschrecklichsten Zustande und sind ein Raub derjenigen

Blatt aus der Serie ›Die Ausrufer von Berlin‹. Radierung von Johann Karl Wilhelm Rosenberg

Krankheiten, die ihre Lebensart mit sich bringt. Diese wandern gemeiniglich in die Charité, wenn sie die Leute, wo sie wohnen, nicht länger dulden wollen; sie sind da noch sehr glücklich, denn sie werden da ohnentgeldlich kuriert, und sie würden schlechterdings in ihren Elende umkommen müssen, wenn sie nicht diese Aufnahme fänden.

Versorgung der Armen

Es gibt hier in Berlin eine große Menge Arme. die sich zwar im Sommer mit kleinen Unterstützungen forthelfen können, wenn aber das Winterhalbjahr kommt, wo sie ebensoviel als im Sommer bekommen, so reicht es nicht zu, um bei den andern Ausgaben sich auch noch Holz anzuschaffen. Doch auch hierinnen finden sie Unterstützung.

Die französische Kolonie fing zuerst an, Beiträge zu liefern, um arme Familien mit Holz zu versehen, bald darauf folgten ihnen die deutschen Einwohner; und so werden nun jährlich einige tausend Taler zusammengebracht, wofür Holz gekauft wird.

Wenn Männer bei geringen Besoldungen in kleinen Ämtern früh sterben, so ist die Witwe mit ihren Kindern meist am Bettelstab gebracht, wenn sie kein Vermögen vor sich hat. Daher sind Witwen und auch krank gewordene Handwerksleute die eigentlichen Notleidenden, die die menschliche und christliche Barmherzigkeit anflehen; doch geschieht es nie öffentlich, sie entdecken sich daher nur solchen Personen, die in dem Ruf der Mildtätigkeit stehen, im geheimen. Es sind in Berlin wenig ordentliche Häuser, die nicht einer oder mehrern armen Familien monatlich was zukommen ließen, und dieses gereicht den Armen zur besten Hülfe, sie können doch wenigstens die nötigsten Bedürfnisse davon bestreiten. Wie lobenswert sind in diesem Stücke die Berliner, daß sie durch Unglück zurückgekommener Familien so tätig unter die Arme greifen und ihre Not einigermaßen zu lindern suchen. Ich will von ihrer Bereitwilligkeit und von der geschwinden Entschließung, Armen zu helfen, nur ein Beispiel anführen, welches gewiß gegründet ist.

Der Vater eines in Berlin in öffentlicher Bedienung stehenden verdienstvollen Jünglings hatte durch die Notwendigkeit, sich und die Seinigen zu erhalten, von einer kleinen unter sich habenden Kasse sechzig Taler entwendet. Er befand sich außerhalb Berlins. Sein Sohn unterstützte ihn zwar von Berlin aus, allein sein Verdienst trug so wenig ein, als daß er ihn hätte ganz ernähren können.

Der Sohn erfuhr von dem Verbrechen seines Vaters nichts. Nach Verlauf von zwei Jahren entdeckte der Oberkassierer den Defekt; aus Mitleiden gegen einen alten Mann und einer nahrlosen Familie schrieb er es nur dem Sohn nach Berlin und meldetete ihm zugleich, wenn er nicht mit erster Post sechzig Taler einsenden werde, so sei er gezwungen, den Defekt dem Ministerium anzuzeigen, wo denn sein Vater der Kassation und noch mehrern Strafen ausgesetzt sein würde. Was nun zu tun? Der Sohn war gerührt von dem Schicksal seines Vaters, hatte aber weder selbst so viel Geld noch so vielen Kredit, um seinem Vater helfen zu können. Er hatte wenig Zeit übrig, und schaffte er da kein Geld, so war sein Vater unglücklich. Welcher Kummer, welche Angst und Sorge für den edlen Jüngling, der so gerne helfen wollte, wenn er nur gekonnt hätte.

Was sollte er machen? Er entdeckte sich in dieser Bedrängnis einem seiner Freunde; dieser machte in der Geschwindigkeit eine Kollekte, und in Zeit von ein paar Stunden hatten auf dreißig Menschenfreunde, von denen kein einziger den Vater, wenige den Sohn und auch einige nicht einmal den Sammler kannten, bloß auf die Erzählung der vorgefallenen Sache eine Summe von sechzig Talern freudig und willig hergegeben.

Man sehe zu, ob in andern Städten mit so einer Schnelligkeit und Bereitwilligkeit einem Unbekannten geholfen werde; wahrhaftig, ich getraute mir nicht, sechs Taler in acht Tagen zusammenzubringen, geschweige sechzig Taler in ein paar Stunden. –

Straßenbettelei findet man in Berlin gar nicht. Die gute Polizei hat diesem Unheil zur Verwunderung aller gesteuert. Der Ungestüm des Bettlers erzwang oft eine unwillige Gabe, die mit der frechsten Unverschämtheit erpreßt wurde; sie forderten im dreisten Ton ein Almosen, und bei dessen Verweigerung sah man sich den niedrigsten Schimpfreden ausgesetzt. Ein großer Teil dieser Armen war ein Haufe liederliches Gesindel von Faulenzern und Mußiggängern, die durch ein unverdientes Almosen ihre zum Teil starken und gesunden Gliedmaßen der Arbeit entzogen; seitdem aber die Polizei das Betteln bei Zuchthausstrafe untersagte, so verschwanden eine Menge Krüppel und Elende, welche man gleich mit den schwersten Arbeiten (die nur ein Gesunder zu verrichten fähig ist) beschäftigt sahe. Viele Heuchler wurden aus Müßiggängern die arbeitsamsten Leute, der Staat gewann dabei, und jeder Menschenfreund konnte nun freiwillig wirklich arme Personen durch seine milde Beisteuer unterstützen.

Der Geistlichkeit in Berlin macht es nicht wenig Ehre, daß sie sich der Armen auf so eine gute Art annahmen. Sie gingen von Haus zu Haus und sammelten Beisteuern. Welches würdiges und vor sie sehr anständiges Geschäft war dieses nicht: Wer gäbe nicht doppelt so gern, wenn sich der Geistliche selbst nicht schämt, ein so vortreffliches Gebot der Liebe in Erfüllung zu bringen. Jene edle und verehrungswürdige Männer, welche schon seit vielen Jahren die Armen im Winter mit Brennholz versorgten, wie sehr verdienen sie nicht den lauten Dank eines jeden Menschenfreundes. Solcher Männer sollten viel sein, und das Elend der Menschheit würde durch ihre Tugend unendlich gemindert werden.

Die französische Kolonie gibt in Versorgung ihrer Armen das vortrefflichste Muster von der Welt. Es ist bei ihnen nie einer elend oder krank, daß ihm nicht sogleich von allen Seiten die tätigste Hülfe zufließen sollte. Jedermann eilt, dem Unglücklichen beizustehen, und selbst der Vornehme verschließt sein Herz gegen ihn nicht. Wenn ein Armer krank wird, so erhält er die liebreichste Pflege, ist er mäßig reich, so besucht ihn der größte Teil seiner Mitbrüder, und jedermann lindert durch Trost und Zuspruch seinen Schmerz. Wird einer durch Unglück arm, so hilft man ihm wieder auf, und dies geschieht oft mehr als einmal. Selbst die Frauenzimmer versorgen die Armen mit dem lobenswürdigsten Eifer. Arme kranke Witwen oder ledige Frauns-personen werden von ihren Händen auf das sorgfältigste gepflegt; überall herrscht Menschenliebe und der uneigennützigste Eifer in Unterstützungen ihrer unglücklichen Mitbrüder und Schwestern; nie fand man ein Beispiel, wo ein Unglücklicher ohne Trost oder mit Tränen von ihnen ging.

Ein Beweis ihrer guten Armenanstalten ist besonders die École de la charité. Was für Sauberkeit und Reinlichkeit herrscht hier nicht unter der elterlosen Jugend. Die Knaben können ein Metier wählen, was sie für eines wollen, und man wird sie auf alle mögliche Art unterstützen. Manche vater- und mutterlose Waise findet hier die beste Erziehung, um in Zukunft einmal gute Mitglieder der menschlichen Gesellschaft zu werden.

Den einzigen Fehler, den ich bei ihnen gefunden habe (wenn man es anders einen Fehler nennen kann), ist dieser, daß sie ihre Menschenliebe bloß auf ihre Nation einschränken, doch hat man mir das Gegenteil versichert. Wenn dieses aber auch seinen Grund hat, so ist es überhaupt der menschlichen Natur angemessen, denjenigen mehr zu lieben, der mit uns einerlei Sprache, Sitten und Religion hat, als den, der dieses alles nicht hat, und aus diesem Gesichtspunkte kann man ihnen dieses gern verzeihen.

Eine andere öffentliche Anstalt, die ich ebenso vortrefflich als nützlich gefunden habe, ist die Charité. Hier wird jeder Kranke unentgeldlich geheilt und gepflegt; manches arme gefallene Mädchen kann hier ohne Geräusch unter der besten Hülfe gebären. Daher ist dieses Haus nie von Kranken leer und ist die vortrefflichste Schule der Ärzte und Wundärzte in den ganzen preußischen Landen. Ich habe noch nie in andern großen Städten eine bessere Einrichtung in einer solchen Anstalt gefunden als in Berlin. Es liegt kein Kranker neben dem andern in einem Bette, auch bleibt keine Leiche vierundzwanzig Stunden in dem Bette liegen; sondern ein jede Person hat ein Bette vor sich, und sobald eine davon stirbt, wird sie in ein ander Behältnis, das dazu bestimmt ist, gelegt. Hierzu sind eine Menge von Personen zur Aufwartung und Bedienung bestimmt. Die Zimmer werden täglich gereinigt und durch Räuchern von den giftigen Ausdünstungen gesäubert; selbige sind meistens geräumig und hell, in den Fenstern sind Ventilatores angebracht, um frische Luft hineinzubringen.

Beide Geschlechter haben ihre eigenen Stuben und Aufwärter. Die Anzahl der Zimmer wird in zwei Abteilungen geteilt, nämlich in die innere und äußere. Die erste enthält Kranke, deren Übel im Körper ist, als Fieberarten, Auszehrungen, Hektik und dergleichen. Die zweite faßt solche in sich, die äußere Schäden haben, als Bein- und Armbrüche, venerische und infizierte Krankheiten. Ein jeder Kranke hat sein eigen Bette, dieses bestehet aus einer Matratze, einem Küssen und einer Friesdecke; dieses gehört alles dem Hause zu, doch kann auch ein jeder Kranke sein eigen Bette mitbringen. Über jedem Bette ist eine Nummer, nach

Das königliche große Lazarett oder die Charité. Radierung von Johann David Schleuen

welcher die Kranken in das Buch des Wärters eingetragen sind, unter denselben ist ein Nachtgeschirr, und in einem Winkel eines jeden Zimmers steht ein Nachtstuhl.

Die Speisen bestimmt der Pensionairchirurgus. Um eilf Uhr des Morgens schreibt er in ein jedes Buch, wo der Name des Kranken steht, was er zu Mittag essen soll. Was er eingeschrieben hat, muß aus der Küche verabfolgt werden. Keine Verwandten eines Kranken dürfen ihm Essen bringen, dieses ist bei Strafe verboten; daher werden alle diejenigen, die einen Kranken besuchen, erst visitiert. Der Oberaufseher besucht das ganze Lazarett des Tages zweimal und stattet alle Morgen und Abend dem Oberinspektor Bericht ab. Er muß übrigens hauptsächlich auf die Reinlichkeit, Ordnung und Verpflegung der Kranken genau achthaben.

Außer den Kranken ernährt auch die Charité noch viele alte und arme Leute. Diejenigen, die noch arbeiten können, werden zu verschiedenen Geschäften im Hause angewiesen. Sie bekommen die Woche zweimal Fleisch, und die übrige Kost ist auch sehr gut. Das Essen besorgen zwei Köchinnen und noch einige andere, welche ihnen zu Gehülfinnen bestimmt sind. Alles, was das Haus braucht, wird auch darinnen verfertigt, daher haben sie ihre eigenen Arbeiter, welche die nötige Arbeit dazu verfertigen.

Da dieses Haus außerhalb der Stadt liegt, so ist es desto unschädlicher vor die Kranken; es erhalten daher jährlich viele Hunderte ihre Gesundheit wieder und danken der weisen Regierung des Staats, welche ihnen dieses Haus zur Rettung anwies.

Außer diesem ist noch ein Invalidenhaus in Berlin, wo viele zum Kriegsdienst unbrauchbare Leute einen guten Unterhalt und eine gemächliche Ruhe genießen. Dieses schöne Haus liegt ebenfalls außer der Stadt in einer stillen angenehmen Gegend. An der einen Seite desselben fließt ein kleiner Fluß; auf der andern sieht man schöne bebaute Felder, und geradevor erblickt man einen dicken Wald. Einige wenige von den Invaliden ziehen täglich auf die Wache.

Jeder von ihnen besitzt ein Stück von dem Garten, der bei dem Hause liegt. Die gute Ordnung, die darinnen herrscht, ist ebenso vortrefflich als jene bei der Charité. Die alten Krieger besprechen sich miteinander über ihre großen Taten und Unternehmungen, die sie so lange Jahre hindurch mutig und standhaft ertragen, und schildern einander das Elend, das die armen Menschen durch das Ungemach des Krieges erdulden mußten.

Wenn man alles dieses so mit anhört und ansieht, wenn man ihre jetzige Ruhe mit dem ehemaligen Getümmel der Schlachten vergleicht und das Vergnügen, das sich auf ihrer Stirne darüber ausbreitet, beobachtet, wie er den Monarchen segnet, der ihm diese Ruhe verschaffte: dann muß man zugleich mit ihnen die gütige Vorsorge desjenigen selig preisen, der alles dieses sowohl zum Besten dieser Krieger einzurichten wußte.

Gastfreiheit

Diese gehört auch mit zu den wenigen guten Eigenschaften, die die Berliner besitzen. Kommt ein Fremder in ein Haus, so wird er mit aller möglichen Sorgfalt bewirtet; man beobachtet genau den Humor des Gastes und ist mit ihm nach Beschaffenheit fröhlich und traurig. Besitzt er nur etwas Geist und Lebensart, so findet er bei den mehresten Familien freien Zutritt; hat er nur an ein Haus Adresse, so bekommt er bald auch Bekanntschaft in mehrere Häuser. Es ist dabei keine Interesse, man sucht ihm keine Geheimnisse seiner Familie zu entlocken, man will ihm nicht die Pracht, den Aufwand und die Reichtümer, die man besitzt, zeigen, auch will man ihm nicht mit verstellter Höflichkeit und lächelnder Miene sein Geld im Spiel abgewinnen, sondern die einzige Absicht ist hier, den Fremden und sich selbst zu vergnügen und zu zeigen, daß man Lebensart und Höflichkeit besitze, daß man die Freundschaft hochschätze und ehre.

Ein Fremder, der aus seinem Vaterlande in den Kreis einer solchen Familie kommt, hört mit Erstaunen die dreusten [dreistesten] und freimütigsten Gespräche über die ersten Bedienten des Staats, ihre Eigenschaften, Kenntnisse und Einsichten; selbst an der Tafel eines königlichen Bedienten hört man über Regierung und Verwaltung des Staats die kühnsten Urteile fällen und vernimmt oft die feinste Satire über das Privatleben des Königs. Die Aufnahme und Begegnung eines Fremden ist geradeso, wie man sie von der Kultur einer solchen Stadt zu erwarten hat; alles ist ungezwungen und höflich. Man wetteifert, den Aufenthalt des Fremden angenehm und fröhlich zu machen. Man zeigt ihm die Merkwürdigkeiten und Schönheiten der Stadt mit Vergnügen und ist zufrieden, wenn er solche bewundert und lobt.

Unter der großen Menge von Fremden, die täglich hier ankommen, hat gewiß noch keiner diese Stadt mit Mißvergnügen verlassen; alle rühmten die außerordentliche Freiheit, die hier jeder genießt, alle bewunderten die außerordentliche Höflichkeit und Sittsamkeit der Einwohner gegen Fremde. Nur wenige Fremde klagten über die Prellereien der Gastwirte, deren Rechnung bei zu starken Depensen ihre eigene Vorstellung überwog.

Französische Kolonie

Es ist ganz falsch, wenn man glaubt, bei der französischen Gesellschaft gute Aufführung anzutreffen; bei den meisten herrscht ein natürlicher Ton der Tändelei, des Affektierens und der Pedanterie; Karten und Spieltische sind ihre Hauptvergnügungen. Sie besitzen wenig Gelehrsamkeit und sind Feinde der deutschen Sprache und Literatur; alles was deutsch ist, verachten sie, wenn es auch die besten Schriftsteller wären. Ihre Art, Kinder zu erziehen, ist noch das beste. Sie werden sehr hart erzogen und zu allen Beschwerden des Lebens früh gewöhnt.

Sie haben übrigens einen guten Charakter; sie sind gefällig, dienstfertig und unterstützen ihre Armen aufs beste, wo ich schon oben mehr davon gesagt habe. Sie leben ordentlich und hassen alle Verschwendung. In den Moden sind sie die wahren Affen ihrer Landsleute, der Pariser. Kommt dort eine Mode auf, so wird solche gewiß auch von ihnen nachgeahmt. Die Frauenzimmer bei ihnen sind meist schön und wohl gewachsen und sollen in dem Ruf einer außerordentlichen Keuschheit stehen; auch sind sie gegen ihre Männer zärtlich und in ihren Haushaltungen ökonomisch.

Künstler

Unter diese gehört nun erst der berühmte Meister D. Chodowiecki. Dieser Mann ist von allen Orten und Enden der Welt mit Arbeit auf viele Jahre versehen. Den Buchhändlern bringt er durch seine Arbeiten vieles Geld ein; hat ein Buch Kupfer von Chodowiecki, so wird es gewiß von den Liebhabern eher gekauft, wenn das Buch an und für sich gleich schlecht ist. ›Die Familie Calas‹ erwarb ihn zuerst den ausgebreiteten Ruf seines Namens, und andere schöne und wohlgeratene Stücke setzten ihn fort. Dieser Mann widmete sich in seinen jüngern Jahren der Malerei, ohnerachtet er von seinem Vater zur Handlung bestimmt war; er verließ aber diese bald, weil er dazu nicht aufgelegt war, und erlangte eine große Fertigkeit in der Kunst, wo er jetzt seinesgleichen nicht findet.

Berger sticht vortrefflich, sein ›König von Preußen‹ nach Chodowieckis Zeichnung ist ein Meisterstück von ihm.

Meil ist durch seine vortrefflichen Vignetten sehr bekannt; das deutsche Theater hat ihm viel zu verdanken. Seine große Kenntnis des Kostüms macht, daß die Akteurs den Charakter der Zeit gemäß auftreten können.

Rode ist einer der besten Geschichtsmaler unserer Zeit; er ist viel gereist und hat sich besonders in Italien große Kenntnisse erworben. In dem einen Saal des neuen Potsdamer Schlosses hat er zwei prächtige Deckenstücken gemalt, die ihm Ehre machen.

Der Geschmack an der Musik ist bei den Berlinern sehr groß; jeder bemittelte Mann hält seinen Kindern einen Lehrer in der Musik. Wer kennt hier nicht einen Reichardt, Benda, André und mehrere, der königlichen Kapelle gar nicht zu gedenken, welche die geschicktesten Männer zu Mitgliedern hat.

Folgende Seiten:
Gendarmenmarkt mit Französischem Dom.
Öl auf Leinwand von Carl Traugott Fechhelm

Noch etwas über Tabagien

Deren gibt es hier wohl auf hundert; und diese sind nichts mehr und nichts weniger als – Bordells. Die honettesten sind bei Posen und Simon; bei diesen beiden werden keine Mädchens geduldet, sondern nur Abrede mit ihnen genommen. Die übrigen sind schon gemeiner und werden von Handwerksburschen und andern liederlichen Mannspersonen besucht. Die Mädchen, die in den mehresten wohnen, spinnen, nähen, strikken, singen, oder gehn spazieren, solange es nämlich noch Tag ist; bricht die Nacht herein, so gehn sie auf Verdienst aus, und da ist denn die Lindenallee, der Lustgarten, der Schloßplatz und der Tiergarten ihre Hauptpromenade. Ihre Losung ist gemeiniglich: »Guten Abend, lieber Junge, so allein?« Folgt nun eine günstige Antwort, so ist der Handel bald geschlossen, und der Preis beläuft sich selten über mehr als zwei Groschen preußisch Kurant.

Die Art und Weise, wie solche Mädchen in die Tabagien kommen, ist ohngefähr so: Wenn das Mädchen der Frau, bei der sie wohnt, etwas schuldig ist, das sie nicht bezahlen kann, so verkauft sie solche an den Wirt einer Tabagie, dieser bezahlt der Frau die Schuld, und von nun an ist das Mädchen in seiner Schuld; kann sie ihm das Geld durch ihren Verdienst wieder bezahlen, und kann sie außerdem für ihn noch mehr Geld erwerben, so ist es gut für sie. Hat sie keine anständige Kleidung, worinnen sie sich kann sehen lassen, so bekommt sie auch diese von dem Wirt; aber alles dieses erhält sie nicht umsonst, sondern sie muß ihm dafür wöchentlich etwas Gewisses bezahlen. Der Wirt gibt dabei genau acht, daß sie nichts vor sich verdienen kann, und dieserwegen muß ihm das Mädchen, wenn sie aus ihrer Stube geht, allezeit den Schlüssel geben, daß sie also nicht eher hineinkommen kann, bis sie solchen von ihm gefordert hat.

Findet sich zu dem Mädchen ein Ritter, so paßt er genau auf, daß sie ihm gleich von ihrem Verdienst etwas gibt, und damit es nicht etwan einer einfallen möchte fortzugehen, so werden sie auf allen ihren Schritten und Tritten genau beobachtet, ja sogar, wenn ein Mädchen in ihrer Stube ist und entweder mit oder ohne Galan im Bette liegt, so werden ihr durch eine alte Megäre von einer Aufwärterin die Kleider weggenommen, so daß sie nichts mehr als das Hemde behält, welches sie auf dem Leibe hat; und im Hemde wird doch wohl keine fortlaufen.

Kein Wirt darf mehr als vier Mädchen bei sich haben; geht eine ab, so muß er es den dazu bestimmten Kommissarien anzeigen, und dieses muß er auch tun, wenn er eine neue an ihrer Stelle bekommt. Alle vierzehn Tage werden sie durch einen Chirurgus besehen, ob sie rein sind; sie müssen sich ganz nackend vor ihm ausziehn, und so befühlt und beguckt er sie von hinten und vorne, von oben und unten etc. Ich möchte in der Tat kein Chirurgus von der Art sein – er muß mehr als Stoiker sein –, aber die Mädchen putzen und waschen sich auch vorher, daß es eine Art hat, so daß er alles ordentlich findet. Entdeckt er aber, trotz ihres Waschens, eine, die unrein ist, so zeigt er es dem Wirt an, daß sie auf ihrer Stube bleiben muß und keine Besuche annehmen darf; ist aber eine zu sehr infiziert, daß äußerliche Enthaltsamkeit nichts hilft, so heißt es: in die Charité mit dir; wo sie denn gratis kuriert wird.

Porträt von J. F. Reichardt
Kupferstich von B. H. Bendix

Lektüre der Berliner

Hier findet man einen sehr ausgebreiteten Geschmack an Büchern, teils an den wirklichen Besitz derselben, teils an der Lektüre. Es gibt hier viele schöne Bibliotheken. So hat Büsching eine auserlesene Sammlung geographischer und statistischer Werke. Der Bankier Daun besitzt die schönsten Werke, die in die Naturgeschichte und schönen Wissenschaften einschlagen. Der Oberpräsident von Hagen hat einen großen Schatz an Werken, die die Mark betreffen. Der Pastor Ölrichs sammelt in das Fach der Geschichte. Man kann leicht aus diesen Bibliotheken Bücher geliehen bekommen, wo man an andern Orten die größten Schwierigkeiten machen würde. Die freien Künste und Wissenschaften werden überhaupt außerordentlich geschätzt; nur artet die Achtung für die belles lettres bei vielen in Affektation aus.

Viele junge Leute lieben sie so sehr, daß sie andere nützliche Wissenschaften dabei hintenansetzen. So wurden vor einigen Jahren ›Werthers Leiden‹ bis zum Unsinn verehrt. Viele junge Mädchen haben dabei ihren Verstand verloren; andere sind fast für Empfindung zerschmolzen. Jetzt sind die Reisebeschreibungen ihre Hauptlektüre. Auch werden viele Romane gelesen, welche, wenn sie recht buntscheckig durcheinander hergehen, am besten gefallen. Das medizinische Fach ist das stärkste, und Berlin hat hier vor allen Städten Deutschlands den Vorzug; auch muß man es den Berliner Ärzten zum Ruhme nachsagen, daß sie arme Notdürftige frei kurieren und ihren armen Mitbrüdern durch ihre ruhmvollen Verdienste Hülfe verschaffen.

Religion, Geistlichkeit, das Berliner Gesangbuch

Die Freiheit im Denken ist die einzige Ursache von der Erleuchtung in Berlin. Wie schön ist es, daß man hier nach seiner eigenen Überzeugung laut sprechen darf. In der Theologie fällt dieses am meisten auf. Orthodoxie und Heterodoxie sind hier zwar noch stark im Gange, allein es wird nicht viel darauf geachtet; die Geistlichkeit hat viel dazu beigetragen, sie hat viele vernünftige Christen unter den vornehmen und geringen Haufen gezogen. Es gibt wohl noch hie und da einige intolerante Anhänger an die alte unverfälschte Lehre, man bemerkt sie aber nicht, und ihr Schimpfen auf die Neuern bleibt ganz unbedeutend.

Die berlinische Geistlichkeit macht ein ehrwürdiges Kollegium aus, und die jungen Kandidaten richten sich alle nach der erleuchteten Unterweisung ihrer älteren Mitbrüder, und diese machen sich ein Vergnügen daraus, sie aufzumuntern und zu belehren. Die jungen Geistlichen haben hier die beste Anweisung, sich und ihre Kenntnisse zu vervollkommnen. Sie haben alle mögliche Freiheit in Dingen, die nicht gegen die guten Sinne sind. Wenn man sie nicht auf der Kanzel sieht, so glaubt man nicht, daß sie zum geistlichen Stand gehören. Sie tragen meist eigene Haare, welche hinten aufgekräuselt sind, weiße seidne Strümpfe und Manschetten, gehen auf Bälle, Kaffeehäuser, spielen Billard und Karte sind artige und geschickte Leute, die man überall gern sieht.

Ich habe in Berlin einige dreißig christliche Kirchen von den drei Hauptreligionen gezählt; ferner zwei jüdische Synagogen und verschiedene Privatkapellen in Häusern. Auch gibt es eine Menge von Zimmern und Sekten, wo verschiedene Bürger Berlins zusammenkommen, um Gott auf eine andere als die gewöhnliche Art zu dienen. Es gibt hier Herrnhuter, Gichtelianer, Separatisten und andere mehr. Arianer und Unitarier haben hier ihre freie Religionsübung. Erstere legen sich viel auf Mathematik und dienen ihrem König im Felde. Die Mennoniten wollen dieses nicht, und deren gibt es viele in dem Marienburger Werder, besonders unter den Landleuten. Kein Glied dieser Sekte tut Soldatendienste und ist dahero auch von der schon durch die Geburt geschehenen Enrollierung der Landeskinder ganz frei. Die Regierung hat die Toleranz der Mennoniten so weit eingeschränkt, daß sie zwar ihre Religion ungestört üben können, auch ihre Kinder darnach erziehen, aber sich nicht weiter ausbreiten und keine Überläufer annehmen dürfen.

Es ist noch nicht erlaubt, daß man sich in Deutschland zu einer reinen Vernunftreligion öffentlich bekennen darf; die absurdesten Sekten werden geduldet und dürfen sich ausbreiten, aber wenn einer die natürliche Religion, die doch alle Parteien nicht allein neben ihrer Religion, sondern auch zum Grunde derselben annehmen, allein annehmen will, so bekümmern sich Kaiser und Reich darum. Hat ein Schriftsteller solche Sätze behauptet, so wird ihm gleich von dem obersten Reichsgerichte in Deutschland sein Glaubensbekenntnis abgefordert, damit man wisse, was er im Herzen habe. Will einer ein Jude werden, so hat es kein Bedenken, er darf nur sein Schutzgeld erlegen, so kann er bis zum Minister steigen. Will er aber die Pflicht, etwas zu glauben (es sei auch, was es nur wolle), nicht erfüllen, will er seinen Gott nur so anbeten, wie er es nach seiner Meinung für gut befindet, fort mit ihm, fort aus dem ganzen Deutschen Reich; Gott sei Dank, daß ein Scheiterhaufen jetzt nicht mehr so leicht zu bauen ist als zu Calvins und Servets Zeiten, sonst wehe dem Armen. Ist einer der ruchloseste Bösewicht, ist er ein Wollüstling, ein Niederträchtiger,

Gendarmenmarkt mit Deutschem und Französischem Dom. Kolorierter Kupferstich von C. B. Schwarz

Folgende Seiten: Blick auf die Mauerstraße. Kolorierte Radierung von Johann Georg Rosenberg

das schadet nicht, wenn er nur nicht von dem allein richtig sein sollenden Glauben abweicht. Was wird man wohl im Jahr 2440 darüber sagen, Deutschland?

Doch ist Berlin von diesen Grundsätzen ausgenommen. Bahrdt fand allein hier seine Zuflucht. Wie sehr wär es zu wünschen, daß eine Kirche der natürlichen Religion zustande käme. In Berlin wäre dies am ersten möglich, doch zweifle ich noch sehr daran; indessen würde es einen jeden freuen, wenn Berlin diesen Zweifel durch die Tat widerlegte. Wenn Rosenfeld und andere von den absurdesten Sekten ihren heiligen Unsinn öffentlich lehren dürfen, wieviel mehr sollte man nicht zusammenkommen und die reinen großen Wahrheiten von der Vorsehung, von der Unsterblichkeit der Seele, die Geist und Herz erheben, predigen können, sobald man sie nur allein predigen wolle? Welcher Widerspruch! Wie viele würden, welche jetzt von der Kirche wegbleiben, diesen Vernunfttempel besuchen und moralische Besserung bekommen. Doch was hilft alles Wünschen, wo Tätigkeit fehlt.

Und, o Himmel! welche Verkehrtheit in Absicht der Religion, die noch leider hier so viele Anhänger hat, sosehr sie auch Verstand und Empfindung schänden. Ich meine die bis zum Unsinn getriebene Mystik, der lebendige Glaube an Zauberei, Wunder, Wahrsagung und Zeichendeuterei, feste Überzeugung von der Wirkung des Teufels, Geisterbannen, auf Glauben und Gebet gegründetes Goldmachen, ebenso zu destillierende Universalmedizin und anderer Unsinn mehr; ich hätte nicht geglaubt, daß die schrecklichen Geheimnisse der Societés mystiques, die in Paris herrscht, sich so geschwind und so stark in Deutschland ausbreiten würde, und doch ist es wahr. Auch die traurigste aller Lehren, der theoretische Atheismus, hat hier seine Anhänger. Was wären vor Mittel gegen das System, das fast so sehr als Aberglauben das gefährlichste für Tugend und bürgerliche Gesellschaft werden kann? Keine andern als Tempel der natürlichen Religion, die ich eben erwähnte.

Die Menge der hier geduldeten und friedlich nebeneinander wohnenden Glaubensmeinungen beweisen die vortrefflichsten Grundsätze der Toleranz, welche die Regierung befolgt. Die Stimme des Fanatismus und Verdammungssucht läßt sich wohl noch hie und da hören, doch ist ihr Eifer schon ziemlich ohnmächtig.

Nun noch etwas über Orthodoxen und Heterodoxen. Letztere sind aufgeklärter, freidenkender, größtenteils auch toleranter und fast immer sanftmütiger, obgleich auch hin und wieder sehr leichtsinnig. Die erstern, unter denen auch treffliche Menschen sind, sind rauher, strenger, verfolgend, engen Herzens und eingeschränkten Kopfs. Was die Ausbildung des Geistes betrifft, so findet man oft bei den Heterodoxen mehr Feinheit im Geschmack, richtiges Gefühl, kritischen Scharfsinn und mehr Kenntnis der schönen Wissenschaften; daher auch ihr Stil weit angenehmer ist. Alles dieses verachtet die Orthodoxie als unanständige Schminke; doch muß man gestehen, daß ihre Anhänger in der Gelehrsamkeit einen Vorzug haben.

Oft aber ist eben Gemächlichkeit im Nachforschen und vorzüglich im Selbstdenken die wahre Mutter der treuen Anhänglichkeit an das alte System. Man ruht auf dem Pfühl des angeerbten Herkommens so bequem; und fühlt man sich zu gut oder zu lebhaft, um ein solcher Siebenschläfer zu sein, so läßt sich darauf doch so ganz nach Herzenslust träumen. Wir sehen ja, daß alle Schwärmer im Grunde Orthodoxen sind, ebenso wie die Poeten. So auch die Geistlichen, die sich mit Nebenwissenschaften abgeben, um außer den Mauern ihrer Sphäre ihrer Liebhaberei obliegen zu können, nehmen sie an, daß zu Hause alles gut stehe, und lassen dort die Sache beim alten. Wenn Maden und Insekten in ihren verborgensten Schlupfwinkeln vor ihnen nicht sicher sind, so ist es das alte System desto mehr, und nie wird man hören, daß einer zugleich ein neues Infusionstierchen und eine neue Lesart in einer Beweisstelle entdeckt hätte. Ein Geistlicher, der den Wasserbau oder das Artilleriewesen versteht, der greift gewiß die Orthodoxie nicht an, sondern berechnet lieber das Schöpfungs- und Sündflutwasser, baut Noahs Arche nach dem verjüngten Maßstabe oder streitet für das Feuerwerk der ewigen Höllenqual.

Unter dieser Lage hat die Sache eine Seite, die gar nicht lächerlich ist. Ein großer Haufe ist treu orthodox, nicht bloß, um sich das Selbstdenken zu ersparen, sondern auch das eigene gute Selbsthandeln. Man findet selbst unter den vornehmsten Einwohnern, vorzüglich auch bei Frauenzimmern, viele, die sehr natürlich, aber auch sehr verzeihlich über die Religion weder mit Anstrengung noch mit Gelehrsamkeit nachgedacht haben, die aber eben daher, welches nicht so ganz verzeihlich ist, sich in ihrer stolzen Ruhe für bessere Menschen halten als den treuen Wahrheitsfreund, der emsig forscht und lieber vorsichtig zweifelt als dreust entscheidet. Einen solchen Selbstdenker können jene oft ganz gutmütige Leute mit wahrer Intoleranz und bitterer Verachtung behandeln. Den einfältig niedrigstdenkenden Geistlichen hingegen können sie hochhalten und wie einen Engel verehren; zumal, wenn er sonst durch einige Scheineigenschaften im Äußern sich noch zu heben weiß. Mancher der gemeinen Bürger hängt aus noch schlechtern Gründen an dem System.

Er ist so echt lutherisch, daß er sich bloß an den Glauben hält und sich ja nicht mit den guten Werken beflecken will, die er den irrgläubigen Katholiken überläßt. Bei ihm heißt jeder aufgeklärte Prediger, der auf Besserung des Herzens und auf einen tugendhaften Wandel dringt, ein Neuling, der nicht das Kreuz Christi, sondern heidnische Moral predigt. Nur Gebet, Zeremonien und unverständige Wörter verlangt er für seine Religion; womit sich denn ganz bequem jede Leidenschaft und Lieblingsneigung seines Herzens vereinigen läßt, die er sich nicht die Mühe nehmen will zu bekämpfen. Und so findet man gerade unter den Hartherzigen, Wollüstlingen, Untätigen und Schwachköpfigen die meisten Rechtgläubigen. Ihre Anzahl ist auch hier noch sehr groß.

Teils der Wahrheit zur Steuer, teils um unsere armen Landsleute nicht mit Unrecht zu tief zurückzusetzen, teils aber auch, um

Folgende Seiten:
Blick auf den Lustgarten.
Radierung von Johann Georg Rosenberg

zu zeigen, was noch in den aufgeklärtesten Gegenden zu tun übrig sei, sollte man oft und laut darüber reden; und in dieser Absicht lese man nur das alte Gesangbuch. Wie entsetzlich ist nicht das Lied, wo die Allegorie des Hundes unter dem Tisch seines Herrn als Vergleich der bußfertigen Seele gegen Gott so ganz durchgeführt ist. Wie kann Bewußtsein von Würde der Menschheit, Begriff von Verhältnis gegen den Schöpfer, durchdringendes Gefühl von dessen Güte und darauf gegründetes Vertrauen bestehen, wenn man solche hundische Vorstellungen nährt? ... Und dieses Gesangbuch ist es, das man sich in Berlin nicht wollte nehmen lassen.

Man sollte nicht glauben, daß man in unsern so aufgeklärten Zeiten solchen Unsinn noch billigen könnte, und doch ist es leider nur allzuwahr; denn nicht allein der Pöbel, sondern auch Geistliche und die vornehmsten Einwohner Berlins wollten sich das alte Gesangbuch nicht nehmen lassen. Es entstand ein allgemeiner Aufruhr; eine Menge von denen, die das neue Gesangbuch nicht angesehn hatten und die auch gar nicht fähig sind, ein Buch zu beurteilen, schrien dagegen mit einer Wut, die nicht zu beschreiben ist. Man lästerte die vortrefflichen Geistlichen, die daran Anteil hatten, man machte Pasquille, ja man bestürmte sogar den König, und dieser gab ihnen Bescheid, der manchen nicht nach seinem Wunsche sein mochte.

Nun kamen eine Menge Schriften gegen das Gesangbuch heraus, die mit Unwissenheit, Intoleranz und Verleumdung angefüllt waren; diese verursachten, daß man auf das neue immer unzufrieden blieb. Gut ist es indessen doch, daß es seinen Besitzstand behauptet; denn es ist in drei Kirchen eingeführt, und ich denke, daß man vernünftiger werden und den Gebrauch dieses vortrefflichen Buches auszubreiten suchen wird.

Beschluß

Bemerkungen über Verschiedenes

Man pflegt gemeiniglich den Berlinern die Sittenlosigkeit überhaupt vorzuwerfen, und es gibt auch wirklich Leute, welche so einfältig sind, zu glauben, daß es in Berlin keine Tugend, keine Rechtschaffenheit gebe; es ist dieses höchst ungereimt, denn ich habe an keinem Ort soviel angetroffen als in Berlin. Es ist gleichsam der Sitz aller Ausschweifungen und Einschränkungen, aller Torheiten und aller vernünftigen Handlungen, alles Aberglaubens und der echtesten Religion, der Bigotterie und des Irrglaubens, der Orthodoxie und der Freigeisterei, überhaupt aller Widersprüche des menschlichen Geistes. Man kann sich davon nicht besser überzeugen, als wenn man einige Kaffeehäuser, Tabagien, den Tiergarten, die katholische Kirche und verschiedene Speisehäuser besucht und da aufmerksam die Reden des Bürgers, Soldatens und der Vornehmen beobachtet; wenn man ihre Mienen und Gesichtszüge ausforscht, so wird man den seltensten Kontrast von der Welt finden.

Alles ist in Berlin tätig, nicht sklavisch, nicht übertrieben demütig, man ist im ganzen mehr ernsthaft als lustig und nie schwatzhaft; der freie Sinn und das frohe Herz der Berliner unterscheidet sie sehr von den nördlichern Deutschen. Der gemeine Berliner hat nicht das Komplimentenreiche, Schwatzhaftige, unbedeutend Lächelnde und Bedachtlose an sich, was uns bei einigen Franzosen, Sachsen und Wienern so auffällt.

Das Spekulieren und Beurteilen des gemeinen Mannes ist außerordentlich sonderbar. Es gibt hier Handwerksleute und Soldaten, die scharf und richtig denken, und es ist eine Freude, sich mit solchen Leuten in einen Diskurs einzulassen; dieses macht alles der Umgang mit so vielerlei Menschen und die große Freiheit, die ein jeder hat. –

Die Industrie äußert sich auch zuweilen auf eine lächerliche Art. So liest zum Beispiel eine Frau dem neugierigen Publikum vor einen Dreier mitten auf der Straße die Zeitungen vor. Gassenbuben holen aus den Buchläden die Meßkataloge zusammen und verkaufen sie an die Käseweiber. Der vielen Wahrsager, Bekehrer, Hundedoktoren, Wochenschriftsteller und andrer mehr nicht zu gedenken, die ihre Tätigkeit dadurch an den Tag legen wollen.

In Berlin muß man schon etwas sehr Auffallendes getan haben, wenn man vierzehn Tage lang der Gegenstand des Gesprächs in den Klubs und Assembleen sein will. Man bekümmert sich hier zwar eben auch, so wie in andern Städten, um Stadtneuigkeiten; allein es wird nicht soviel darüber gesprochen und beklügelt, viele hören es gar nicht mit an und setzen sich über das Geschwätz hinweg. Man kennt oft seinen nächsten Nachbar, ja sogar seinen Hausgenossen nicht, es geniert sich kein Mensch nach dem andern. Man hat aber auch nicht die Zeit dazu, ein jeder ist für sich beschäftigt. Diejenigen, die in königlichen Bedienungen stehen, haben viel zuviel zu tun, denn eine Expedition, wo an einem andern Ort wohl zwölf Faulenzer sitzen, besteht hier etwan aus vier Männern. Es wird gewiß kein Fürst akkurater und geschwinder bedient als der König von Preußen, ohnerachtet er sehr wenig dafür bezahlt; man macht sich eine Ehre daraus, ihn zu dienen und Lob zu erhalten. Letzteres treibt weit mehr an als viele tausend Taler Gehalt. Es ist dieses sehr weise; denn wird nicht dadurch der Luxus und der Müßiggang gehemmt, der daraus entsteht? Wird dieses nicht vielmehr Anlaß geben, seine Umstände darnach einzurichten? Daher können auch die gemeinen Bürger, die von ihren Gewerbe leben, nicht so bequem reich werden.

Große Lustbarkeiten und Gastereien gibt es hier wenige. Besucht ja ein Freund den andern, so wird er ihn immer beschäftigt finden, und er wird sich auch nicht von seiner Arbeit abmüßigen, sondern ihn zu den Seinigen verweisen oder sich die Ehre auf ein andermal ausbitten.

Alles, was ich nun jetzt von Berlin gesagt habe, ist nicht allgemein zu nehmen. Es leidet eine jede Sache seine Ausnahme. Man kann daher Berlin den Rang vor andern Städten einräumen, und diese Ehre verdient sie mit Recht. Ich denke, meine Leser, die in Berlin waren und es ihrer Beobachtung nicht entgehn ließen, werden mir dieses einräumen; und so bin ich gerechtfertigt. Übrigens muß ich noch sagen, daß nichts übertrieben ist, alles ist nach der Wahrheit geschildert.

Leipzig

Bräunigkes Hof in der Messe
Kupferstich im Verlag des Peter Schenk

Leipzig ist ohnstreitig eine der schönsten Städte Deutschlands, sie wird dahero immer ›Klein-Paris‹ genannt; ihre Lage ist ausnehmend schön, und die ganze Gegend um Leipzig ist die fruchtbarste in ganz Sachsen. An sich ist die Stadt nicht groß, sie kann füglich in drei viertel Stunden umgangen werden. Man zählt achthundertneunzig Häuser, zweiunddreißig Gassen und sieben freie Plätze. Sie wird in vier Viertel eingeteilt, welche ihren Namen nach den Toren haben. Die Häuser sind meist massiv und prächtig gebaut; die Straßen sind schön, breit, gerade und gut gepflastert; unter der Erde gehen die Schleusen, welche die Unreinigkeiten in den Stadtgraben abführen; des Nachts wird sie mit Laternen erleuchtet, welche an den Häusern befestigt sind. Die Stadt hat acht Zugänge, vier Tore, drei Pförtgen und den Eingang durch das Schloß.

Leipzig hat auch vier große Vorstädte, die nach den Toren, vor welchen sie liegen, benennt werden; man findet auch da die schönsten Straßen, Häuser und die anmutigsten Gärten. Der Markt ist ziemlich groß; auf der einen Seite desselben steht das Rathaus, welches zwar von außen kein besonderes Ansehn hat, allein der prächtige Saal und die hellen Expeditionsstuben machen es von innen desto schöner. Gleich neben dem Rathause auf dem Naschmarkt steht die Börse, wo die Kaufleute bei außerordentlichen Gelegenheiten Versammlung halten. Sie ist nach ionischer Ordnung zwei Stock hoch gebaut, steht ganz frei und hat ein Dach, mit Kupfer belegt, wo ringsherum ein Geländer geht, welches mit steinernen Statuen besetzt ist.

Durchgänge

Dieses ist eine Bequemlichkeit, die man in wenig Städten antrifft. Man kann hier, wenn man aus einer Straße in die andere gehen will, durch so einen Durchgang schlüpfen, ohne daß man nötig hat, eine halbe Straße umzugehen. Die vornehmsten dieser Durchgänge sind: der Auerbachische, Stieglitzische, Homannische und Kochische Hof. Im erstern befinden sich etliche vierzig Kaufmannsläden, in welchen man zur Meßzeit Kostbarkeiten von aller Art sehen kann. Es ist dieser Hof, besonders die Messe durch, der lebhafteste Ort in ganz Leipzig. Der sächsische Stadt- und Landadel versammlet sich von eilf bis zwölf daselbst in großer Menge; bewundern die schönen Sachen, gaffen sie mit ihren bemalten Gesichtern an, fragen, was sie kosten, und – gehen in ein ander Gewölbe, wo sie das nämliche tun, bis sie durch sind; sie fahren alsdann nach Hause und sagen: heute waren wir in Auerbachs Hof.

Andere, die dieses nicht tun, unterhalten sich vom Wetter, vom Getreidepreis, von der Komödie oder von ihren Staate; gekauft wird da gewiß am wenigsten, aber gestohlen desto mehr. Ein Beispiel eines recht gut ausgesonnenen Diebstahls, der nur vor kurzem bei so einer Gelegenheit geschahe:

Ein vornehmer Herr, stark mit Gold beblecht und Bedienten umgeben, tritt in ein Seidengewölbe, sucht sich vor einige tausend Taler Ware aus und läßt sie gleich durch seine Bedienten forttragen. Er zieht eine große Börse mit Gold heraus und sucht noch einige Proben aus; mittlerweile kommt ein anderer Herr, unterhält sich mit ihm, sie treten vor das Gewölbe, und ehe man sichs versieht, sind die beiden Herren fort. Der Kaufmann denkt an nichts weniger als Spitzbüberei, er glaubt, genug gedeckt zu sein, weil er die Börse vor sich hat, er gibt auch gar nicht darauf acht, sondern beschäftigt sich mit seinen andern Käufern; endlich verliert sich die Menge, und es kommt noch kein Herr, der seine Börse abholen will; in der gewissen Meinung, daß der Herr seine Börse vergessen habe, legt er sie unaufgemacht in seine Kasse. Endlich kommt der Abend, und noch ist niemand da. Er wird nun neugierig, er öffnet den Geldbeutel und erblickt statt der Louisdors messingne und kupferne Spielmarken. –

Die Durchgänge bleiben bis zehn Uhr abends offen und dienen öfters zu den heimlichen Absichten feiler Frauenspersonen.

Opernhaus

Herr Zemisch ist der Urheber dieses Hauses, er scheute keine Kosten, wendete sein ganzes Vermögen daran und lebt nun zum Lohn seines vortrefflichen Unternehmens in Dürftigkeit, in einer kleinen Wohnung neben dem Gebäude. Ein berühmter Architekt, der Ingenieurobriste Fäsch, erbaute es 1766 auf eine alte Bastei nach dem Modelle des kurfürstlichen Theaters in Dresden. Die Länge desselben ist hundertundacht Fuß tief, siebenunddreißig Fuß breit und vierunddreißig Fuß hoch. Es hat zwei Eingänge, einen für die Zuschauer und einen für die Schauspieler. Das Amphitheater ist länglicht, das Parterr ist nur zum Stehen eingerichtet und hat ein ziemlich geräumiges Orchester; es geht schräg vom Theater in die Höhe, so daß kein Zuschauer dem andern den Prospekt benimmt. Es sind drei Reihen Logen, wo in jeder sechs Personen Platz haben; über denselben ist die Galerie. Der Plafond ist von Herrn Oesers Meisterhand, so auch der allegorische Vorhang. Herr Professor Clodius hat eine ausführliche Beschreibung dieses Opernhauses herausgegeben; ich verweise also diejenigen, die mehr davon wissen wollen, an diese Beschreibung.

Vor ordinär wird nur zur Messenszeit von der privilegierten kurfürstlich sächsischen Schauspielertruppe unter der Direktion des Herrn Bondini gespielt. Außer dieser Zeit hält Herr Thomas alle Sonntage ein Katzenkonzert.

Der Eingang zum Schauspielhause ist sehr enge, so daß kaum zwei Personen einander ausweichen können; in der Messe ist man oft in Gefahr, erdrückt oder umgefahren zu werden.

Schauspieler, Schauspielerinnen, Operisten

Die Bondinische Gesellschaft deutscher Schauspieler ist eine der besten, die jetzt existiert. Herr Bondini wendet alles daran, um gute Leute zu haben; er ist privilegierter Schauspieler am sächsischen Hof, hat aber die Erlaubnis dabei, auch andere Orte zu besuchen, und so hat er Leipzig und Prag gewählt; nach Leipzig kommt er allezeit zur Oster- und Michaelmesse, auch manchmal im Sommer; in Prag spielt er aber meist im Sommer. Herr Bondini hat neben der deutschen Gesellschaft auch eine Opera buffa, die ebenfalls in den ausgesuchtesten Leuten besteht. Die Mitglieder der deutschen Truppe sind folgende: Herr Reinecke, Herr Opitz, Herr Schubert, Herr Hempel, Herr Günther, Herr Zucker, Herr Schirmer, Herr Wagner, Herr Thering, Herr Hencke. Musikdirektor ist Herr Gestewitz, Souffleur Herr Chaubert, Kassierer Herr Seconda.

Reinecke ist schon zu bekannt, und Deutschland ist zu sehr von diesem großen Künstler eingenommen, als daß ich etwas noch zu seinem Lobe beitragen könnte; doch will ich hier einige Bemerkungen machen, die ein jeder beurteilen mag, der Reinecke hat spielen sehen.

In den ›Zwillingen‹ macht er Guelfo, und diesen spielt er gewiß gut; die Mannigfaltigkeit seines Spiels und die feinen Nuancen in jeder Szene erheben ihn in der Rolle ungemein. Den Otto von Wittelsbach spielt er mit vieler Wärme und natürlichen Anstand. Es ist wahr, Reinecke ist ein großer Künstler, aber daraus folgt noch lange nicht, daß er alle Rollen gleich meisterhaft spielt. Der Mensch kann sich nicht alle Tage gleich sein, und dieses ist dem Schauspieler ungleich nachteiliger als einem andern, weil er öffentlich zu handeln gezwungen ist. Ich habe ihn den Otto von Wittelsbach so schlecht spielen sehen, daß, wenn ich Reinecke nicht zu gut gekannt hätte, ich würde gezweifelt haben, ob er es sei; und doch wurde ihm lauter Beifall zugeklatscht.

Herr Thering hat außerordentlich viel Natur in Karikaturrollen, er spielt ohne alle Prätention und setzt seine Rolle so gut auseinander, daß er sich auf dem deutschen Theater, wo man jetzt so wenig eigentlich komische Schauspieler, die den Namen verdienten, aufweisen kann, sehr auszeichnete. Er ist auch sonst ein guter Gesellschafter, der überall wohlgelitten ist, weil er sich sehr von seinen Herrn Kollegen unterscheidet.

Opitz ist ein vortrefflicher Akteur, nur muß er keinen zärtlichen Liebhaber machen wollen, denn da ist er unausstehlich; ich sahe ihn in einem Stück, wo er so kalt gegen sein Mädchen war, als wenn es seine Schwester gewesen wäre. Mit Madame Reinecke scheint er sich gut zu verstehen, und ich habe mir sagen lassen, daß er allezeit die Rollen mit ihr erst unter vier Augen probierte, daher käme es, daß sie auf dem Theater so gut gefielen; indessen muß man nicht alles glauben, was die Leute sagen. Seinen Schwätzer macht er unverbesserlich; seine schöne Figur, Leichtigkeit, Anstand und besonders seine Geläufigkeit in der Sprache erwirbt in dieser Rolle allgemeinen Beifall.

Hempel ist ein guter Mann, muß aber den Souffleur haben, er studiert niemals seine Rolle und wiederholt zum Ekel, wenn besonders das Stück etwas hat, was wiederholt werden muß: So ist das angewöhnte Sprichwort des D. Flappers im ›Eifersüchtigen Liebhaber‹, Potzfischgen, so oft von ihm gesagt worden, daß man's überdrüssig wurde und das Komische dabei wegfiel. Auch wählt er immer einen sonderbaren Anzug. Wie komisch sieht er nicht als Mahler im ›Deut-

DOPRAVNÍ PODNIK
HL. M. PRAHY

DOPRAVNÍ PODNIK HL. M. PRAHY

80,- Kčs

TURISTICKÁ SÍŤOVÁ JÍZDENKA

PLATNÁ **4** DNY
OD DATA VYDÁNÍ

JMÉNO DRŽITELE

DATUM VYDÁNÍ

ČEDOK
04 11 92
111 35 Praha 1, Na příkopě 18

CENA Kčs ~~60~~

061254
CEDOK

111 35 Praha 1, Na příkopě 18

Poučení • Tato jízdenka platí v celé síti MHD v Praze. • Platnost jízdenky je omezena na dobu na ni vyznačenou, včetně dne vydání. • Bez vyplnění jména cestujícího je jízdenka neplatná.

Belehrung • Diese Fahrkarte gilt für das gesamte Liniennetz des städtischen Personentransports in Prag. • Die Gültigkeit der Fahrkarte beschränkt sich auf die daran gekennzeichnete Dauer einschliesslich des Ausstellungsdatums. • Ohne Nameneintragung des Reisenden ist die Fahrkarte ungültig.

Instructions • This ticket is valid for all conveyance on of the Prague public transport network. • It can be used only for the period indicated on it, including the day of issue. • The passenger must full in his or her name. Other wise the ticket is not valid.

Instructions • Ce ticket est valable pour tout le transport public à Prague. • Validité du ticket est limitée au temps indiqué sur celui inclu la date d'emmission. • Le ticket n'est pas valable sans indiquer le nom du passager.

Наставление • Этот проездной билет действителен на все виды городского транспорта г. Праги. • Действительность проездного билета ограничена временем, обозначеном на билете, включая день вздачи. • Без выполненой на билете фамилии пассажира проездной билет недействителен.

schen Hausvater‹ aus? Wenn ein Künstler auch arm ist, so glaub ich doch gewiß, daß er im Hause eher einen Oberrock anhaben wird als so einen altmodischen und hanswurstmäßigen Anzug. Er ließ sichs einmal einfallen, nach Prag zu der Nostitzischen Truppe zu gehen, es hat ihm aber nicht behagen wollen und ist, soviel ich weiß, jetzt wieder bei Bodini.

Nun noch etwas von den Damens. Sie sind: Mad. Reinecke, Mad. Koch, M. Schubert, M. Günther, M. Seconda, M. Vetter, M. Henke.

Mad. Reinecke spielt Königinnen, Mütter und muntere Liebhaberinnen sehr gut; doch ist sie zum letztern schon zu alt. Ich habe keine schönere Szene von ihr gesehen als die in den ›Zwillingen‹, wo sie den Guelfo mit dem Tuch decken will und wo er ihr das Geständnis der Erstgeburt abdringt. Richtige Deklamation, wahres natürliches Muttergefühl und Einsicht zeichnet sie hier als Künstlerin aus.

Mad. Koch ersetzt der Bühne durch ihre schöne Figur, was sie ihr durch ihr Spiel entzieht.

Mad. Schubert ist wahrhaftig eine liebenswürdige Frau, sie spielt mit Empfindung und Einsicht, doch ist sie nicht so vollkommen, als man sie macht, auch hatte sie noch keine Gelegenheit, es zu werden; sie hat die beste Anlage, und an Willen fehlt es ihr auch nicht; ob sie gleich eine Wienerin ist, so merkt man es doch nicht sehr in ihrem Dialekt.

Mad. Seconda ist ein fürtreffliches, gutes, sanftes Weib; schade, daß ihre Talente durch so viele Kabalen unterdrückt werden. Sie spielt unschuldige Mädchen und Soubretten recht gut und in meinen Augen vielmals besser als Mad. Günther. Ihr Anzug ist viel geschmackvoller, nicht mit so vielen unnötigen Putz verunstaltet, nicht so unnatürlich, wie man oft sieht; denn welches Kammermädchen wird wohl eine goldne Uhr tragen, wenn ihre Herrschaft keine trägt?

Sie ist viel sittsamer, nicht so frei wie Mad. Günther, welche sich in einer Kammermädchenrolle nicht immer schicken will. Sie ist noch nicht lange beim Theater, hat sich aber seit kurzen außerordentlich verbessert und ihr schüchternes, furchtsames Wesen ganz verloren. Sie hat viel gelesen und weiß von einer jeden Sache ein richtiges Urteil zu fällen; ihre einnehmende Bildung (die wahrhaftig vors Theater zu gut ist), ihre Laune, Witz, gutes Betragen und gefälliges Wesen macht sie in den größten Gesellschaften unentbehrlich; ich glaube nicht, daß sie als Aktrice sterben wird.

Ich habe mich bei der deutschen Truppe so lange aufgehalten, daß ich nur noch wenig von den Operisten sagen kann, weil ich befürchten muß, den Leser ungehalten zu machen. Mad. Fidanza gehört unter die wenigen Sängerinnen, die zugleich vollkommene Schauspielerinnen sind; und dieserwegen ist sie höher zu schätzen als jene. Ich glaubte, die Steinbrecherin als Lottchen und Lenchen wieder zu sehen, da Mad. Fidanza als Hannchen in ›Giannina e Banardone‹ auftrat; und als Marquise zeigte sie, daß sie auch mit Würde spielen könne. Es ist sonst in Leipzig nicht Mode, daß die Arien

Folgende Seiten:
Das Komödienhaus auf der Ranstädter Bastei.
Kolorierter Kupferstich von Carl Benjamin Schwarz

wiederholt werden; aber sobald als Mad. Fidanza singt, so ruft das Parterr so lange, bis sein Wunsch befriedigt wird.

Die ältere und jüngere Soporiti haben sich durch ihre schlechte Aufführung in Leipzig sehr erniedrigt; besonders hat sich die jüngste mit einem Kaufmannsburschen abgegeben, der seinem Herrn vor anderthalbtausend Taler Ware stohl und es ihr zur Belohnung für ihre Zärtlichkeit schenkte; die Mutter, die wenig deutsch versteht, ist dabei so betrogen worden, daß ich sie bedaure; denn sie brauchten oft die Kirche zum Endzweck ihrer geheimen Zusammenkünfte, wovon die Mutter nichts wußte.

Die ältere war ehemals Konzertsängerin in Leipzig, hat aber die Stelle bald verloren; sie singt übrigens ganz gut, nur ist ihre Stimme etwas schwach, und den Ausdruck im Rezitativ vernachlässigt sie gänzlich. Mad. Caravoglia ist an die Stelle der Oltonbelli gekommen und ersetzt den Verlust jener ganz. –

Herr Guardasoni ist Regisseur und versteht Spiel und Gesang vollkommen; nur ihm hat man zu verdanken, daß die Stücke immer gut aufgeführt werden. Schade, daß seine Stimme im Zurückgehen ist; Bediente und alte Hofjunker würde er ohne Tadel spielen, aber als Liebhaber gefällt er nicht, sein Spiel ist erzwungen, und alles Natürliche fällt weg.

Herr Angiolini, Tassini, Bassi, de Antoni, Marini, Sfoezini sind meist gute Sänger, obgleich weniger gute Akteurs; Herr Sfoezini ist ein guter Tenorist, nur als Schauspieler ist er nichts wert.

Herr Ponziani, ein vortrefflicher Bassist, sucht seinesgleichen; Stärke und Schwäche

Adam Friedrich Oeser.
Kupferstich von C. G. Schultze (nach Anton Graff)

der Stimme hat er in seiner Gewalt, so daß man auch im geschwinden Gesange ein jedes Wort verstehen kann. So vortrefflich er als Sänger ist, so schätzbar ist er als Schauspieler; er dringt in den Geist seines Charakters und stellt ihn allezeit mit Wahrheit dar; in alten komischen Rollen ist er unerschöpflich, und doch verläßt er niemals die Natur; er hat Rollen, die ihm wenig Schau-

Vorhang für das Leipziger Komödienhaus. Aquarell von Adam Friedrich Oeser

spieler gleich spielen werden, und ist ein Mann von unbescholtenem Charakter.

Fast alle Vorstellungen dieser Truppe haben gefallen, und dieses um soviel mehr, da es nur ein Privatunternehmen des Herrn Bondini ist; denn für vollkommen können sie nur Leute halten, die nichts weiter als das Leipziger Konzert gehört haben. Man konnte die Kenntnisse mancher Herrn Leipziger, die kaum wissen, was Polonaisen- und Menuetttakt ist, sehr deutlich sehen, wenn man genau beobachtete, wie sie alles begafften und bewunderten, ja sogar beklatschen, wie ein deutscher Baron im eigentlichen Verstande Branntewein soff und sich auf der Straße im Kot wälzte. Es ist ärgerlich zu hören, wenn solche Leute das deutsche Schauspiel für schlecht gegen das italienische erklären, ohne zu bedenken, welch ein großer Grad des Genies erfordert wird, eine ›Minna von Barnhelm‹ hervorzubringen denn ein italienisches Singspiel, und daß die Aktion eines Schröders und Reinecke mehr bedeutet, als einen Buffone zu machen. Die italienische Oper sticht freilich mehr in die Augen als ein deutsches Schauspiel, aber die Schuld liegt nur an den Umständen, nicht am Talent, auch nicht an der deutschen Sprache. Warum wenden unsere deutschen Fürsten so wenig an das Nationalschauspiel und an die Oper so große Summen? Ist es da ein Wunder, wenn sie besser ausfällt als jenes?

Erziehung

Ich habe schon über die Berliner Erziehung viel gesagt, man kann dieses ebenfalls auch auf Leipzig applizieren, wo eben auch viel darinnen zu reformieren wäre. Daher nur etwas Weniges über diese Materie.

Leute von Ansehen und Vermögen halten ihren Kindern Hofmeister; dieser bekömmt jährlich sechzig bis achtzig Taler, dafür unterrichtet er sie in der Religion, im Lateinischen, Griechischen, Geographie, Naturhistorie, Rechnen und Schreiben. Zu den galanten Wissenschaften haben sie einen aparten Lehrer, der auch apart bezahlt wird; überhaupt werden diese Wissenschaften am besten getrieben, denn viele Kinder von zehn bis zwölf Jahren besuchen Bälle und Tanzböden, und ich schwöre, die Anfangsgründe der Religion sind ihnen böhmische Dörfer.

Eltern von geringern Vermögen schicken ihre Kinder in die öffentlichen Schulen: und was lernen sie da? Antwort: Gottlosigkeiten, Bubenstücke mancherlei Art, keinesweges aber reelle Wissenschaften. Auf der Thomasschule sind meist junge Leute von kleinen Orten und Dörfern um Leipzig, auch einige, deren Eltern in der Stadt wohnen. Diese werden in zwei Klassen eingeteilt, in Externi und Alumni. Letztere wohnen auf der Schule in den sogenannten Zellen, zwei und zwei zusammen, tragen schwarze Röcke, Stutzperücken, machen Kirchenmusik und gehen Neujahrsingen. Erstere gehen nur zur Zeit der Lehrstunden auf die Schule und wohnen bei ihren Eltern. Die Schule hat an dem Rektor Fischer einen würdigen Mann. Er verträgt sich aber mit keinem seiner Kollegen. Ein abgesagter Feind von ihm ist der Kantor Doles. Ob sich da junge Leute auch bilden können, wenn sie ihre Lehrer in den Klassen rumzanken hören, weiß ich nicht.

Die Kinder der gemeinern Leute gehen in Winkelschulen, deren es hier eine Menge gibt; hier lernen sie Worte, die sie nicht verstehen, und werden dumm geprügelt.

Wie Reiske noch Rektor auf der Nikolaischule war, schien sie einigermaßen emporzukommen; wie aber Martini an des Verstorbenen Stelle kam, verlor sie viel. Lehrer an öffentlichen Schulen müssen sich nicht mit so vielen Nebenarbeiten abgeben, die der Schule nichts nutzen, sondern müssen hauptsächlich auf einen guten Unterricht und unbescholtenen Lebenswandel ihrer Schüler sehen. Wie der Herr Magister Held als Kollege auf diese Schule gekommen ist, weiß ich nicht, er muß gute Patrone gehabt haben;

Die Thomaskirche und die Thomasschule. Kupferstich von Johann Gottfried Krügner

2

denn er besitzt gar keine Eigenschaften eines Lehrers. Wenn er besser gewachsen wäre, schickte er sich sehr gut zu einen Unteroffizier, denn prügeln und schimpfen kann er vortrefflich.

Promenaden

So wenig sonst die Promenade, welche von den Barfüßerpförtgen bis zum Schlosse am stärksten besucht wird, sich besonderer Schönheiten rühmen kann, so würde doch Leipzig viel von seiner Annehmlichkeit verlieren, wenn es solche nicht hätte. Der üble Geruch, die stinkenden Ausdünstungen des Stadtgrabens und der viele Staub der vorbeifahrenden Wagen machen sie sehr unangenehm; und doch wird sie so häufig besucht, daß man sich besonders des Sonntags gegen Abend durchdrängen muß. Hier sitzen die jungen Herren – nicht auf den Bänken, die doch zum Sitzen dastehen und immer leer bleiben, sondern auf den Geländern, das den Fahrweg von dem Fußsteig unterscheidet, und gaffen durch Lorgnette nach den Damens und Demoisells, kritisieren ihren Kopfputz, Anzug, Gang, Schönheit und dergleichen, erzählen sich Anekdoten, die sie von diesen und jenen wissen, so daß alle Vorbeigehende ihren Tadel und ihrer Geißel unterworfen sind.

Des Abends, wenn die Tore verschlossen sind, wird dieser Spaziergang nur von Leuten besucht, die in Gärten oder in der Vorstadt wohnen. Auch findet man schlechte Weibspersonen in Menge, die sich jedem Vorübergehenden mit der äußersten Schamlosigkeit anbieten, der etwa Lust hätte, sich den T- oder Ch- zu holen. Daß ein Hochedler und Hochweiser Rat solchen schändlichen Unwesen, wodurch so viele Leute ins Verderben geraten, nicht steuert, kann ich nicht begreifen. –

Weit angenehmer und reizender ist nun freilich das Rosental, von welchen ein lustiger Franzose sagt, es wäre ein sumpfigtes Hölzgen; ich habe es aber nicht so gefunden. Es ist ein herrliches Geschenk der Natur, das gewiß an wenig Orten so nahe bei der Stadt gefunden wird. Der Weg nach Gohlis, welcher durch das Austreten der Pleiße öfters ungangbar war, ist nun sehr gut gemacht worden; auch hat man in dem Gebüsche und bei dem Ausgang einer jeden Allee Steinbänke angebracht. Durch eine der Alleen präsentiert sich das schöne Lustschloß in Gohlis, welches den Spaziergehenden einen sehr überraschenden Anblick gewährt. Ehe man über den Steg gehet, der nach der ersten Schenke führt, so sieht man ein Denkmal, welches der verstorbene Hofrat Böhme setzen ließ, mit der Inschrift ›Dem seligen Vergnügen‹ auf der einen Seite und auf der andern ›Die einsame Betrachtung‹.

Geht man von diesem Platz links durch eine Seitenallee, so kommt man auf eine große Wiese in Gestalt eines Amphitheaters, auf deren Mitte man in dreizehen Alleen sehen kann. Das Auge wird hier nie an den herrlichen Schönheiten der Natur ermüdet. Gewiß kann Deutschland keinen solchen Ort mehr aufweisen. Die bunte Blumenflur, die duftenden Kräuter, die majestätischen Eichen, das sanfte Rauschen der Flüsse und Bäche, der melancholische Gesang der

Nachtigallen und der andern Vögel, alles vereinigt sich, die angenehmsten Empfindungen beim Anschauen zu erwecken. Es darf niemand hier fahren und reiten; nur dem verewigten Gellert war es erlaubt, dieses zu tun, ein Beweis, wie sehr Leipzig diesen Mann schätzte.

Gärten

Derer gibt es hier eine große Menge; die vorzüglichsten sind aber der Apelsche, Großbosische, Löhrsche, Triersche, Rudolphische. Der Apelsche Garten ist sehr groß und prächtig – gewesen, aber jetzt nicht mehr; nur einige große Alleen machen ihn noch angenehm. Der Löhrsche Garten wird wohl nie ganz fertig werden, denn des jetzigen Besitzers desselben sein Vater hat sich daran zu Tode gebaut, und wenn dieser nicht bald aufhört, wird er gewiß auch sterben, ehe er fertig wird. Zu welchem Behuf der Schnekkenberg, der mittem im Garten mit unsäglichen Kosten erbaut ist, dienen soll, kann ich nicht sagen; das vordere Gebäude ist sehr prächtig, es ist zwei Stock hoch und neun Fenster breit. Das untere enthält ein Portal, mit eisernen Gitter verwahrt, und das obere vier gekoppelte ionische Pilaster im Vorsprunge, in welchem ein großer Salon ist. Besonders ist der Giebel mit vielen Geschmack ausgeziert. Im Hof ist dieses Palais nur ein Stock hoch und hat ein gebrochnes Dach. Die beiden Pavillons, die auf den Seiten sind, verbindet ein Altan, der auf zwanzig dorischen Säulen ruht. Wenn man in den Garten gehen will, so stößt man auf eine neu angelegte Kastanienallee, welche sich an der Parthe, die hinten vorbeifließt, endigt. An beiden Seiten der Allee geht man an Lärchensträuchen und andern ausländischen Gewächsen hin, und zur Linken führt eine Kirschenallee zu den Wohn- und Treibehaus.

Am Ende des Gartens geht eine Lindenallee an der Parthe hin, in deren Mitte ein schönes Lindenhaus steht; zur Rechten führt ein Gang zwischen einer Buchenwand und hohen Erlen an einen Graben hin, welcher den Garten von der Gerbergasse scheidet; diese Gang würde sehr angenehm sein, wenn ihn der häßliche Gestank dieses Grabens nicht ungangbar machte. Von den vielen unnötigen Summen, die in diesen Garten sind gesteckt worden, könnten viele Menschen glücklich gemacht worden sein. –

Der Rudolphische Kaffeegarten wird besonders in der Messe häufig besucht, weil er so nahe bei der Stadt liegt; die Menge Menschen, die sich sonntags hier versammlen, machen den Wirt und die Mad. Wirtin sehr stolz; daher muß man auch für die Portion Kaffee sechs Groschen bezahlen, weil es honetter ist, wenn man sechs Groschen bezahlt als nur drei Groschen. Der Garten selbst hat weiter nichts Angenehmes, sondern, weil man einmal darauf verfallen ist, dahin zu gehen und Kaffee zu trinken, so geht man hin, weil andere Leute hingehen. Es wird auch Konzert da gehalten, welches aber wenig bedeutet.

Folgende Seiten:
Die Promenade.
Kupferstich von Johann August Rosmäsler

Herrn Hendels Kuchengarten muß ich noch anmerken als einen der Leipziger Spaziergänge. Was die Leipziger vor Leckermäuler sind, kann man am besten sehen, wenn die Kirsch- und Pflaumenzeit ist und um Fastnachten, wenn die Pfannekuchen Mode sind. Ganze Karawanen von Herren und Damens, Weibern und Mädchen und Kindern, von dem Professor und Bürgermeister an bis zum Schuster, sieht man ziehen – wohin? nach den Kuchengarten. Die Bürgerweiber, die sich hier, wie sie sagen, eine rechte Güte tun wollen, trinken drei bis vier Portionen Kaffee und essen vor sechzehen Groschen Kirsch- oder Pflaumkuchen, und ihren Männern, die zu Hause arbeiten müssen, bringen sie vor sechs Pfennige Käsekuchen, mit den Bedeuten, daß das Geld jetzt rar sei und sie nicht soviel auf dergleichen Leckereien wenden dürften.

Hendeln sein Kuchen ist weit und breit bekannt, und wirklich trifft man auch an wenig Orten so vortrefflichen Kuchen an als hier. Der Mann hat sich in kurzen damit reich gemacht, so daß er jetzt vieles Vermögen besitzt. Die Studenten nennen ihn den Kuchenprofessor.

Man hat mir gesagt, daß er jährlich allein auf zwei- bis dreihundert Fuder Kirschen und Pflaumen verbrauchte, der Butter, Rosinen, Mandeln und Zucker nicht zu gedenken, welches letztre er unmittelbar von Hamburg alles im Ganzen kommen läßt. Was vor Summen werden nicht da außer Landes gebracht, um seinen Gaumen auf einige Minuten zu kitzeln!

Nicht weit von diesen Kuchengarten liegt die Milchinsel, ebenfalls ein Garten, wo die Leipziger hinzugehen pflegen und frische Milch essen; man bekommt da vor einen Groschen ein Schüsselchen Milch mit Semmel, kleinen Rosinen und Mandeln, welches letztere der Milch einigen Geschmack geben muß, weil man sie sonst vor gestärktes Wasser halten würde. Der Pächter auf diesem Gute hält eine große Menge Kühe, deren Milch er in die Stadt zum Verkauf schickt; vermutlich hat es auch davon den Namen.

Die Funkenburg, oder Merians Schafstall, nebst dem Garten ist jetzt einer von den frequentesten Orten bei Leipzig. Herr Müller, dem jetzt dieser Garten gehört, war erst Kellner im Hôtel de Bavière in der Stadt. Sein zusammengebrachtes Geld und sein dicker Bauch wollten ihm nicht mehr erlauben, Kellner zu sein; also suchte er sich bei der Stadt verdient zu machen, kaufte die Funkenburg und baute da einen großen langen Saal in Form eines Schafstalls.

Den Namen Merian hat er nur erst kürzlich durch eine montgolfische Geschichte bekommen. Er ließ nämlich bekanntmachen, daß in seinem Garten ein prächtiger Ballon steigen würde, welchen ein gewisser geschickter Chemicus, Herr Fromm, verfertigt hätte; wie nun überhaupt die Leipziger sehr neugierig sind, so war es auch hier an Menschen nicht leer. Viele Magistratspersonen hatten sich dahin begeben, um dies Schauspiel mit anzusehen. Es dauerte lange, ehe es angehen wollte; unter der Zeit ließen sich die Leute Bier, Kaffee, Gose und dergleichen geben, zahlten außer den sechs Gro-

Vorstellung des aerostatischen Balles.
Kupferstich von G. R.

schen Entree sechs Groschen noch vor zwei Schalen Kaffee, zwei Groschen vor eine Pfeife und dergleichen mehr, bis endlich die Maschine ein Stadtsoldate auf dem Kopf getragen brachte und sie hinsetzte. Der geschickte Herr Fromm ließ nun die brennbare Luft einfüllen; in der gewissen Hoffnung, daß sie steigen würde, schnitt er sie ab, und siehe da, sie blieb im Schnee liegen.

Alle Leute waren um ihr Geld geprellt, hatten sich halbtot gefroren, und Herr Müller und Fromm lachten sie obendrein noch aus; letzterer verspürte aber beizeiten Unrat und machte sich aus dem Staube. Nun ging's über den armen Müller her; alles wollte sein Geld wiederhaben; man wollte ihn die Fenster einwerfen; niemand sollte mehr da etwas verzehren; kurz, Herr Müller war in einer solchen Angst, daß er sich in den Keller verkroch. Endlich entschied ein Hochweiser Rat die Streitigkeit also: Herr Müller sollte entweder hundert Taler in das Almosen geben, oder er sollte eine neue Maschine verfertigen lassen, welche jedermann gratis steigen sehen könnte; letzteres geschahe auch mit guten Erfolg, und so war er mit den Herrn Leipzigern wieder ausgesöhnt. Auf diese Geschichte kamen nur eine Menge Pasquille heraus, unter andern auch eins unter den Titel ›Peter Fels und Merian‹ mit Kupfern, und hiervon hat leider der gute Mann noch den Namen.

Er hat überdies noch einen sehr feinen Kopf, dieses bewies er besonders an dem Tage, wie er seinen Saal einweihte. Es sollte nämlich des Abends auf dem Wasser ein prächtig Feuerwerk gespielt werden, alles war voller Erwartung; nachdem aber einige Raketen gestiegen waren, so ließ er den Korb, in welchem das Feuerwerk befindlich war und der auf einen Kahne stand, anbrennen, und mit einem Male verbrannte das schöne Feuerwerk unter großen Geprassel zum Leidwesen aller Zuschauer. Herr Müller, um sich zu rechtfertigen, gab die Schuld dem Feuerwerker, welcher unvorsichtigerweise Feuer in den Korb geworfen haben sollte; er machte nun den Leuten weis, daß ihn das Feuerwerk auf dreihundert Taler kostete, ohngeachtet es gewiß kaum – zwanzig Taler wert war. –

Außer den hier angeführten Örtern liegen auch noch ein oder zwei Stunden von Leipzig viele Dörfer, wo man sich divertieren kann.

Die vorzüglichsten davon sind: Connewitz, Raschwitz, Gautzsch, Oetzsch, Eutritzsch. Man trifft da, besonders sonntags, zahlreiche Gesellschaften an, die sich mit Kegelschieben, Billardspielen, Tanzen und dergleichen belustigen.

Das grosse Vogelschiessen

Diese Lustbarkeit, wenn es anders eine genannt werden kann, wo Hohe und Niedre Anteil nehmen, wird zu Ende des Juli oder zu Anfange des Augusts auf einer großen Wiese bei Lindenau gehalten. Hier wird nach einem großen Vogel, welcher erst zur Schau ausgestellt wird, mit Rüstungen geschossen; es kann ein jeder, wenn er ein Los bezahlt, mitschießen. Es sind aber meist Magistratspersonen und einige von der Universität.

Diese Lustbarkeit dauert acht Tage hintereinander, in welcher Zeit so viel Geld verschwendet wird, daß wohl hundert Familien einige Jahre davon bequem leben könnten. Ein jeder spart sein Geld bis auf diese Zeit, um es da im Überfluß ausgeben zu können. Viele verkaufen Rock und Wams, um nur nach den Vogelschießen zu gehen. Man kann zu dieser Zeit Kleidungsstücke, Wäsche, Uhren, Bücher und dergleichen um einen Spottpreis kaufen. Mancher Handwerksmann verschwendet in diesen Tagen wohl zwanzig und mehr Taler und muß dafür die andere Zeit Wassersuppe und Erdäpfel essen, um nur sich und seine Familie erhalten zu können. Viele ruinieren sich gänzlich und werden in die elendesten Umstände versetzt. Die Art der Vergnügungen ist hier sehr verschieden. In vielen Zelten ist Musik, wo man tanzen kann; in andern bekommt man gute Speisen, Wein, Punsch und dergleichen. Ferner sind eine Menge Buden mit Zinn, Kupfer, Messing, Porzellangeräte, Eßwaren und andern Sachen, wo man sein Glück durch Würfel versuchen kann. Junge Mannspersonen, die eine Geliebte haben oder sonst Amourschaft machen wollen, kaufen da Lose, die sie an dergleichen Gegenstände verschenken, um sich zu insinuieren; dieses tun auch Eltern, um ihren Kindern ein Vergnügen zu machen.

Den Freitag, wenn der Vogel herunter ist, wird ein Feuerwerk gegeben, welches oft so elend ist, daß es sich nicht der Mühe lohnt, nur zwei Schritte darnach zu gehen; und doch gibt es mehr als tausend Menschen, die wie rasend darnach laufen. In dieser Nacht ist man seines Lebens nicht sicher; denn die vielen Wagen, die aus- und einfahren, machen den Weg sehr gefährlich; die Kutscher sind meist besoffen, und die Begierde, Geld zu verdienen, macht sie dem Vieh gleich, so daß sie nichts sehen und hören. Es läuft da ohne Unglück niemals ab. Die Schandtaten, die in den acht Tagen vorgehen, vermag meine Feder nicht zu beschreiben; Leipzig ladet da große Sünden auf sich, die es bei Gott nicht verantworten kann.

Bei dieser Gelegenheit kann man die Neugierde der Leute recht deutlich beobachten. Die Fenster auf dem Ranstädter Steinwege sind von oben bis unten mit Menschenköpfen angefüllt; ja die Fenster werden sogar mit Geld bezahlt, um nur die Vorbeigehenden und Fahrenden beobachten zu können.

Martinsschmausereien und Kirchmessen

Die beiden Monate Oktober und November verursachen den Leipzigern viele Ausgaben. Eine jede Familie, die die Mode mitmacht, fährt zu dieser Zeit auf ein oder das andere Dorf, bleibt da oft zwei, drei Tage, ohne sich um ihre Wirtschaft zu Hause auch nur im geringsten zu bekümmern. Leute, die keine Bekanntschaft auf so einem Dorfe haben, fahren nach der Schenke, deren äußerliches und innerliches Ansehen einem jeden Ekel verursachen wird, der nicht – Leipziger ist. Alle Tische sind mit Handwerksburschen, Studenten, vornehmen Herren und Damen, Soldaten und andern Krethi und Plethi besetzt. Die Musikanten spielen und blasen alle

Folgende Seiten:
Eingang in das Rosental.
Kupferstich von Johann August Rosmasler

nur mögliche Menuetts, englische Tänze und Gassenhauer, die sie nur kennen, und gehen dabei fleißig umher, Geld zu sammeln.

Man tanzt, ißt, trinkt, schwelgt bis spät in die Nacht und – fängt den andern Tag wieder damit an, womit man den vorigen beschlossen hat. Die Martinsschmäuse werden auch in der Stadt gefeiert, wo denn bei der andern Musik auch Trompeten und Pauken sind, wenn anders der Wirt einen Magister oder Dokter mit dazu gebeten hat. Den Wein, den man sonst mit acht Groschen kaufen kann, muß man hier mit einem Taler bezahlen und ist doch nichts mehr als echter Meißner. Bei diesen Gelegenheiten gibt es oft die elendesten Gesellschaften, wo nichts weiter getan wird als gegessen, getrunken, getanzt, großgetan und sich über andere Leute lustig gemacht.

Sommerwohnungen

Nicht um die Schönheiten der Natur zu genießen, nicht um sich dem Geräusche der Stadt zu entziehen und eine reine frische Luft auf dem Lande zu schöpfen, sondern weil es Mode ist, bezieht man im Sommer die Gärten und die Wohnungen auf den Dörfern. Gohlis hat besonders das Glück, von den Leipzigern in dieser Zeit bewohnt zu werden. Es ist da keine Hütte, wenn sie nur etwas Ähnliches von einer Stube in sich hält, die nicht von einer Familie oder andern jungen Leuten besetzt wäre. So elend sie auch immer sind, so entsetzlich teuer werden sie bezahlt. Ich sehe nicht ein, wie dieses mit dem Genuß des Landlebens zusammenhängt. Man ist den ganzen Tag seiner Geschäfte wegen in der Stadt und geht nur des Abends hinaus, um da zu schlafen; könnte diese Stelle nicht auch eine jede Wohnung in der Stadt vertreten? Kommt ein Tag, wo man von seinen Geschäften frei ist und wo man diese Wohnungen zu seinen Vergnügen benutzen könnte, so sucht man sich in der Stadt auf Assembleen, Pickenicks und dergleichen die Zeit zu verkürzen. Zeigt dieses nicht einen verdorbenen Geschmack an? Doch es ist ja Mode.

Moden der Herren und Damen

Jede Messe bringt auch eine neue Mode auf. Vor kurzen war die Mode à la Marlebroug allgemein. Herren und Damen kleideten sich à la Marlebroug; ja sogar speisete man auf Richters Kaffeehaus à la Marlebroug. Kaum erschien die Erfindung der Luftbälle; und gleich trugen die Damen Hüte, Schürzen, Tücher und Kleider à la Montgolfier. Ein Puderhändler ließ in die Zeitungen setzen, daß bei ihm Puder à la Montgolfier zu haben sei, und in Zeit von ein paar Tagen hatte er auf tausend Pfund abgesetzt.

Die jungen Herren tragen entweder Schuhschnallen, die auf beiden Seiten, gleich einem Hufeisen, aufklappen, oder auch Bänder in den Schuhen. Einige haben Stiefeln, die bis über die Knie reichen, mit großen langen Sporen gezieret, deren Geklirr den Ton eines in Ketten geschlossenen Missetäters von sich geben. Andere lassen lange Riemen, die man sonst nur dazu braucht, um die Stiefeln anzuziehen, herunterhängen. Die mehresten tragen sich nach der Ökonomie; statt der goldenen Tressen haben sie nur auf der Brust drei Knopflöcher, mit Goldband besetzt. Das Kleid geht kaum bis an die Kniekehle und hat eine lange Taille. Die Westen sind sehr kurz, desto länger gehen die Beinkleider herauf. Manche lassen zwei Uhrbänder heraushängen, um sich dadurch mehr Ansehn zu verschaffen. Den Zopf oder den Haarbeutel lassen sie bis auf die Hälfte des Rückens herunterbinden, dies verursacht, daß der Rücken ganz weiß von Puder wird.

Sie tragen Degen, um zu zeigen, daß sie Männer sind; dieser könnte aber ebensogut auch von Holz sein, denn zur Verteidigung hat ihn gewiß noch kein Stutzer an die Seite gehängt. Wie der Stahl, bei jetziger Zeit, ein Stück der Galanterie hat werden können, weiß ich nicht, da er doch gar nicht zu unsern jetzigen weiblichen Sitten paßt. Viele glauben, den Putz ihres Kleides dadurch zu verschönern; und so tragen ihn die Professores kraft des Zeremoniells, die Studenten wollen damit anzeigen, daß sie nun nicht mehr in die Schule gehen, und die Ladendiener, daß sie die Jungenschuhe ausgezogen haben.

Frauenzimmer

Diese verstehen hier sehr gut die Kunst, einer jeden Mannsperson zu gefallen, und hierzu ist ihnen ihre Kleidung, ihr Putz, ihre geschmackvolle Auswahl in demselben, ihr einnehmendes Wesen, ihr feiner Umgang und ihre reine Sprache besonders behülflich. Ein Leipziger Frauenzimmer gefällt, wenn sie auch nicht schön ist. Doch hat sie die Natur meist mit dieser Gabe beschenkt; dabei sind sie lebhaft, haben Herzen voll Gefühl und Zärtlichkeit. Will man in ihrer Gesellschaft nicht für einen geschmacklosen Menschen gehalten werden, so muß man eine Menge Titel von den neuesten Romanen und Komödien auswendig wissen und aus vielen Stellen zitieren können. Fragen sie nach diesen oder jenen Roman, ob man ihn gelesen, wie er gefallen hat, und man antwortet nein, so ist man gewiß ihren Sticheleien bei aller Gelegenheit ausgesetzt. Mädchen von zehn bis zwölf Jahren sind schon in den Künsten der Liebe erfahren; sie vertreiben sich die Zeit mit Schmachten und Seufzen nach Dingen, die ihre Lust befriedigen. Ihre Einbildungskraft wird noch durch das häufige Lesen von liebehauchenden, hinschmelzenden und hirnlosen Romanen frühzeitig erhitzt; woraus sie nichts lernen, als selbst Romane und Intrigen zu spielen. Wie kann so ein Frauenzimmer, wenn sie verheuratet wird, der Haushaltung und den übrigen Geschäften im Ehestande vorstehen, wenn sie nichts weiter gelernt hat als Putz, Moden und Romane lesen?

Wie kann so eine Frau ihren Kindern eine anständige Erziehung geben, wenn sie selbst von keiner bessern weiß? Darf man sich da wohl noch wundern, wenn dieses Übel so sehr ausgebreitet und fortgepflanzt wird? Wenn die Kinder von ihren Eltern nichts Bessers sehen und hören, wie kann man von ihnen verlangen, daß sie besser als jene werden sollen? Ihre weichliche und wollüstige Lebensart ist alsdann Ursache, daß sie beständig bleich und gelb aussehen und im dreißigsten Jahre am Rande des Grabes stehen. Alles dieses gehört aber zum bon ton und zur feinen Lebensart.

Demoisellen

Wie schön war nicht vorzeiten der Name einer Handwerkstochter: Jungfer. Wie angenehm war es nicht, sich diese Benennung geben lassen zu dürfen. Das Mädchen mit den rosigen Wangen, als ein Zeichen ihrer Keuschheit, nahm ihn so sittsam auf; und wirklich kam ihr auch dieser Name mit Recht zu. Allein in unsern Zeiten würde man sich dem Haß und der Verfolgung aller aussetzen, wenn man eine Schneiders-, Schlössers- oder Peruckenmacherstochter wollte Jungfer nennen. Man würde für den gröbsten Kerl gehalten und in der ganzen Familie als ein Mensch von schlechter Lebensart gescholten werden, die Mademoiselle wird schnippisch sein und gewiß mit so einen ungeschliffenen Flegel nicht sprechen; und sie muß es ja tun, so wird sie ihm soviel von Mademoisellen und Demoisellen vorschwatzen, daß er gleich sehen wird, worinnen er gefehlt hat. Dieses kommt nun in ein paar Tagen in die ganze Zunft der Putzmacherinnen herum, so daß ein Mensch, der dergleichen Sünde begangen hat, nicht sicher auf der Straße gehen kann, wenn er nicht aus diesem und jenem Fenster ein höhnisch Lachen hören will. Das ist eine süße Rache!

Wer ist denn diese Demoiselle? Ihr Vater ist ein Glaser, ein Tischler, ein Schuster. Wovor nennt man sie denn eine Demoiselle? Was eine alberne Frage; sehn sie denn nicht, daß sie ein Kopfzeug à la Blanchard trägt? Und wenn sie erst wüßten, was die Demoiselle vor eine Menge Romane gelesen und wieviel sie Anbeter von Barons und Edelleuten bei Nachtzeit hat, sie würden gewiß so eine dumme Frage nicht tun. Die Ladendiener verstehen dieses sehr gut, dafür sind sie aber auch vor artige Leute ausgeschrien; ja einige, die den Kniff recht verstehen, küssen der Demoiselle gar die Hand, und dann sind sie ein Abgott von der Familie.

Feile Mädchens

Es gibt hier zwar nicht öffentliche Bordelle oder Hurenwirtschaften, desto häufiger wohnen solche Mädchen vor sich in einer Kammer oder Stube, je nachdem ihr Verdienst gut oder schlecht ist. Des Abends wandern sie auf den Straßen der Stadt oder vor den Toren umher und bieten sich einem jeden an. Treffen sie einen, der ihren Anerbieten Gehör gibt, so nehmen sie ihn mit sich nach Hause oder verrichten ihre schändliche Unzucht auf der Straße, in dem ersten besten Winkel.

Es ist was Entsetzliches, was man vor eine Menge solcher Mädchen in der Petersstraße oder vor den Toren in der Allee antrifft; geht man allein, so wird man gewiß alle zehn Schritte mit einer Unfläterei bewillkommt. Es sind dieses meist Dienstmädchen, die keine Lust zu arbeiten haben, oder solche, die der Verlust ihrer Jungferschaft um Ehre und Kredit brachte. Viele, die sonst bei dem Anblick einer Mannsperson schamhaft die Augen niederschlugen, sehen jetzt mit wollüstigen Blicken nach ihnen, in der Hoffnung, einen zu finden, der ihren viehischen Trieb befriedigt. Schon ihr Anblick tötet, und aus ihren Umarmungen wird sich keiner loswinden, der nicht seine Gesundheit und mit ihr seine ganze Lebenszeit vergiftet. Sie werden meist, wenn sie schon bei lebendigen Leibe faulen, in das Lazarett gebracht; wenn sie erst vorher eine Menge junger Leute um ihre Gesundheit brachten.

Schande, ewig Schande vor die Leipziger Polizei, die doch sonst für so vortrefflich ausgeschrieen ist, daß sie solchen Unwesen nicht steuert. Allein die Obrigkeit ist gewiß unschuldig. Die Ratsdiener, die hierüber die Aufsicht haben sollten, suchen sie ihres Gewinstes wegen zu schützen; und überdieses sind ja selbst ihre Frauen Kupplerinnen und ihre Töchter Huren.

Wäre es nun nicht besser, wenn man öffentliche Häuser der Wollust widmete, wenn man die Unzucht in Mauern einschränkte? als daß sie weit heftiger außer denselben wütete. Würde da nicht mancher Jüngling glücklicher sein? Würde er sich nicht dafür hüten können? Denn wer kann seinen Lüsten widerstehen, wenn man öffentlich dazu aufgefordert und gereizt wird. Doch dieses würde die feine Lebensart der Leipziger beleidigen, wenn solche Häuser in den Mauern der Stadt geduldet würden; aber daraus wird nichts gemacht, wenn schändliche Weibspersonen die halbe Stadt anstecken: dieses wird Galanterie genennt und über die schrecklichen Folgen einer solchen Galanterie leichtsinnig gescherzt. Wenn ein Mädchen schon in dem vierzehnten Jahre ein Hure ist, so ist sie galant, so versteht sie den bon ton. Es ist dahero kein solches Haus nötig, denn gewiß müßten alle Leipziger Frauenzimmer hineinkommen.

Kaffeehäuser

Auf diesen findet man hier die reichsten angesehensten Männer, die nicht in einer Schenke unter Krethi und Plethi sitzen wollen. Es werden auf denselben keine Handwerksbursche oder andere gemeine Leute geduldet. Der Richtersche und Bayersche sind die vorzüglichsten. Die Einrichtung der Zimmer auf dem erstern ist vortrefflich. Es war ehedem das Romanische Haus und ist ohnstreitig das beste in der ganzen Stadt; es ist immer mit jungen Leuten besetzt, welche die göttlichen Reize der Mad. Wirtin dahin ziehen, die gern einem jeden gefällig sein will. In der Messe ist hier eine Versammlung, die ihresgleichen sucht und die von Morgen bis in die Nacht dauert.

Die verschiedenen Gesichter, die Arten von Kleidungen, das Rauschen der Musik, alles dieses ist ein Anblick, den man unter die angenehmsten rechnen kann.

Hier sitzt in einem Winkel ein Mann, Tonnen Goldes reich, ohne es verraten zu wollen; dort wühlt an einem Tisch ein Politiker in den Erlanger oder Hamburger Zeitungen; hier unterhält ein Kaufmann einen kleinen Zirkel mit Handlungsaffären; dort wird vom Schauspiel gesprochen, welches den Tag aufgeführt worden ist oder noch aufgeführt werden soll; wobei die Aktricen, eine nach der andern, die Quarantaine passieren müssen. Herr Richter unterläßt dabei nicht, seinen Gästen alles mögliche Vergnügen zu verschaffen; er veranstaltet, daß alle Messen einigemal Punsch Royal gehalten werden kann, welches auch sehr brillant ist, und auf diese Art kann man sich mit wenigen den ganzen Abend vergnügen; freilich muß man sich nicht mit unter die Gesellschaft der Spieler begeben, denn sonst wird man kein großes Vergnügen haben, und dieses muß man hauptsächlich zur Messe beobachten. Reinlichkeit, Ordnung und Sittsamkeit empfehlen übrigens das Richtersche Kaffeehaus besonders.

Das Romanushaus.
Kupferstich von Samuel Blättner

Italienerkeller

Will man seinem Freund oder Freundin eine Ehre antun, so führt man sie in einen Italienerkeller; und was wird da vorgenommen? Antwort: Austern, Brücken oder Sardellensalat gegessen und Punsch oder Wein getrunken; auch vergessen sie nicht, holländischen Käse mit aufzutragen, damit man den schlechten Wein nicht so leicht schmekken möge. In einigen wird man vortrefflich bewirtet, aber man muß auch prächtig bezahlen; ich weiß oft, daß bei Buzzi am Markte eine Abendmahlzeit für zwei Personen sechs bis acht Taler gekostet hat; und dafür bekommen sie achtzig Stück Austern, Sardellensalat und zwei Bouteillen Burgunder. Bei Rasko ist es immer sehr voll, weil immer hübsche Damen zugegen sein.

Es gibt aber auch schlechte, wo es ärger als in einer Tabagie in Berlin zugeht. Kann einer bei einem Mädchen nicht so leicht seine Absicht erreichen, wie er wünscht, oder besser, weiß er keinen Ort, wo er seinen Zweck ausführen kann, so führt er die Donna in einen Italienerkeller, versteht sich in einen von den gemeinern, zum Beispiel bei Pompeluschen, besäuft sie da mit guten geschwefelten Krätzer, so ist er gleich auf dem Punkt, wo er gerne sein wollte; es gibt ja da so geheime Kabinettchen, mit grünen Vorhängen versehen, wo kein Mensch durchgucken kann.

Um die Sinne noch mehr zu reizen, haben einige dafür gesorgt, auch Musik zu halten; dieses lockt denn freilich auch noch mehrere Gäste herbei und verbessert die Nahrung.

Charakter der Vornehmen und Geringen

Großtun und Windmachen ist den Leipzigern, hohen und niedern Standes, ihre Haupteigenschaft, dabei lieben sie Pracht, Putz und Vergnügen im höchsten Grade; man beobachtet die größte Feinheit im Umgang; daher ist es aber auch die hohe Schule der Sitten. Niedrige Scherze und Ungezogenheiten müssen vermutlich auch mit darunter gezählt werden, sonst würde man sie nicht so häufig in Gesellschaften antreffen. Alles Steife und Ungezwungene wird verabscheut. Einen Fremden empfängt man mit der besten Art, wenn er Geld hat und Aufwand macht; und so schätzt man den Reichen wegen seines Reichtums, nicht aber wegen seiner Talente. Hat einer Kenntnisse, ist er gelehrt, hat aber kein Geld, so ist der Ton ohngefähr dieser: A: »Der Mensch ist außerordentlich geschickt.« B: »Ja! (hier werden die Achseln gezuckt), schade, daß er kein Vermögen besitzt.« Man bedauert ihn und glaubt, ohne dieses kann er nicht glücklich werden. –

Durch Kleidung und Sprache zeichnet man sich besonders aus. Die jungen Herren legen sich auf Eroberungen und lieben die Verstellung im höchsten Grade. Führen sie am Tage eine vornehme Dame am Arm, der sie von Liebe und Hochachtung vorschwatzen, ehrerbietig die Hand küssen, so liegen sie gewiß des Abends in den Armen eines feilen Mädchen oder stehen mit der jungen Magd oben erwähnter Dame hinter der Haustüre. Daher kommt es, daß sie einem jeden Frauenzimmer dreust unter die Augen sehen.

Um die Aufmerksamkeit der Damen an sich zu ziehen, so studieren sie genau auf Figur. Kleid und Kopf wird nach der Mode getragen; bemerkt einer, daß diese oder jene Dame auf ihn sieht, so ändert er gleich seinen Gang, scheint ungezwungen zu sein und ist doch so hölzern wie eine Nürnberger Puppe; er weiß sich dabei ein Air zu geben, das ihm die Meinung eines vornehmen Herkommens verschafft, ob er gleich des Schustermeisters Dimpel aus Taucha sein Herr Sohn ist, doch dieses schadet nichts. Begegnen sich so ein paar Narren, so fangen sie auf der Straße einen Diskurs an von nichts, nur um länger gesehen zu werden, besonders wenn sie beobachten, daß irgendeine Mademoiselle hintern Vorhange lauscht. Gehen sie auseinander, so küssen sie sich entweder zärtlich oder machen eine niedliche Verbeugung, um in einer andern Straße wieder zusammenzukommen, wo eine andere Mademoiselle auf sie sieht. Haben sie Geld, so gehen sie in die Oper, applaudieren, rufen encora, und ohne daß sie den Text verstehen, lachen sie bei jeder Posse des Schauspielers; gefällt eine Arie irgendeiner Dame, so sprechen sie mit so vieler Wärme von dem Schauspieler oder Schauspielerin, als ob sie mit denselben genau bekannt wären. Im Konzert plaudern sie mit den Frauenzimmern, und ohne einen Ton von der Musik gehört zu haben, applaudieren sie, daß ihnen die zarten Händchen rot werden.

Während der Pause laufen sie von Dame zu Dame, küssen die Handschuh und stottern eine Menge Unsinn und Unwahrheiten her. Kommen zwei nach dem Konzert zusammen, so erzählen sie sich, mit welcher Dame sie am mehrsten gesprochen und bei welcher sie Eroberung gemacht zu haben glauben. Fragt der andere nach der Musik, so weiß jener nichts davon, sondern bekennt, daß ihm die Pause am besten gefallen habe.

Es kann gewiß an keinem Orte komischere Kopien französischer Stutzer geben als hier; manchen kleidet es so närrisch, daß man sie nicht ansehen kann, ohne zu lachen. Besonders sieht man dieses bei der französischen Kolonie, sie suchen alles ihren Landsleuten, den Franzosen, nachzuäffen; aber man merkt gar sehr, wieviel sie von ihren Nationalcharakter verloren haben. Sie schließen alles von ihren Bällen, Assambleen und Festins aus, was nicht zur Kolonie gehört; nur selten sieht man andere Männer unter ihren Zusammenkünften. Sie sind die Matadors von Leipzig, und viele gute Anstalten rühren von ihnen her; besonders haben die Armen eine große Stütze an ihnen.

Vom Hof und Regierung wird wenig gesprochen, desto mehr aber von dem Rat; dazu trägt das Kontributionsglöckchen viel bei.

Die besten Menschen betragen sich in Gesellschaften ganz anders, als wenn sie ohne Zeugen sind; und dies verursacht die Mode der Verstellung. Die jungen Herren sehen sehr darauf, daß sie beständig glatt ums Maul sind; wenn das Mittel probat wäre, die Haare zu vertreiben, so wär es um den Bart geschehen, und dieses tun sie, um den Frauenzimmer desto besser zu gefallen. Bei allen möglichen Gelegenheiten brauchen sie Lorgnetten und Lûnetten; wenn sie gleich die Gegenstände besser mit bloßen Augen sehen könnten, so gewöhnen sie sich doch frühzeitig an die Ferngläser, weil sie voraus wissen, daß ihr Gesicht durch die Wollust bald verlorengeht.

In Gesellschaften befleißigt man sich nur darauf, wie man den andern das Geld abgewinnen will; es fällt einem nicht ein, über den Gewinst schamrot zu werden, wenn es auch der beste Freund wäre, denn über solche Kleinigkeiten setzt man sich hinweg.

Deutsche Redlichkeit findet man gar nicht, aber desto mehr Weichlichkeit und Dummheit; schade, daß dieses der Ausländer nicht zu schätzen weiß.

Die Jugend ist sehr ungezogen, man hört Dinge von ihr, die sonst in keinen Mund der Alten kamen. Sie wetteifern in Ränken und Betrügereien, aber nicht in Verstand und Sachkenntnissen, daher kommt das Sprüchwort: ›Aus Leipziger Kindern wird entweder etwas Großes oder gar nichts.‹ Das letztere trifft gemeiniglich ein. Kinder auf den Armen der Amme antworten mit Verstand, und das Mädchen, das noch auf der Erde herum kriecht, setzt sich schon einen Spiegel vor den Schemel, um ihre kleinen Reize zu bewundern. Sie mischen sich unter die Alten und wollen Dinge besser verstehen, die sie nicht kennen und gesehn haben.

Rote blühende Wangen findet man nur bei den Bauermädchen. Bleiche gelbe Farbe ist Mode, die frische muntre Couleur gehört nur vor Bauern; daher essen die Frauenzimmer wenig und trinken täglich zwei- bis dreimal Kaffee, um schwächlich und zart zu bleiben.

Sonst pflegten die Mädchen ihren Busen zu verschleiern, kein Auge durfte entdecken, was nur bei der Feier der ersten Brautnacht entblößt wurde. Jetzt aber tragen sie ihn zur Schau und brauchen noch Kunstgriffe, um das zu ersetzen, was ihnen die Natur nicht überflüssig gab oder was ihre wollüstige Lebensart vernichtete. Womit sollten sie auch den jungen Herren zu erobern suchen, wenn sie sich nicht den Leib schnürten und den schön gewölbten Busen sehen ließen? –

Die Höflichkeit des Pöbels kann man nur erwarten, wenn man ihnen ihre Dienste gut bezahlt; tut man dieses nicht, so ist man in der ganzen Stadt ausgeschrien. Die größte Grobheit und der niedrigste Eigennutz sind bei ihnen vereint. Ihre Kinder sind wahre Teufel, denn aller Weg zu irgendeiner Bildung ist ihnen abgeschnitten, sie können nichts darauf wenden, ihnen eine anständige Erziehung zu geben, weil sie ihren Verdienst, der ohnedem gering ist, meist verfressen und versaufen, man sieht keine Starken oder Gesunden unter ihnen. Schwäche, Hunger und Entkräftung sieht ihnen aus den Augen. Ihre Wollust und schlechte Lebensart stürzt sie früh ins Grab.

Man gehe nur in einige Gegenden der Vorstädte; ist es nicht ein Jammer, Menschen zu erblicken, von denen man glauben sollte, sie wären eben aus den Gräbern gekommen. Ich vermag nicht meine Schilderung fortzusetzen, die Szenen sind zu schrecklich, die ich sah, als daß sie meine Feder zu malen imstande wäre.

Sprache

Der Vornehme und Geringere hat seine eigene Sprache. Die letztern haben gemeiniglich eine gewisse komische Redensart, die Mode ist und die sie bei jeder Gelegenheit anzubringen suchen. Beispiele davon sind folgende:

A. Heute ist schön Wetter. B. Das wäre mein Wetter. A. Sie haben sich heute recht schön geputzt. B. S'ist außewend'g. A. Ist er reich? B. Dicke. A. Wird es heute regnen? B. Närrisch genug. A. Sie haben heute viel Glück. B. 's mag schleichen. – Und wer kann alle das dumme Gewäsch behalten, das man hier bei jedem Worte hört. Die Vornehmen bedienen sich insgemein eines französischen Beiworts. Sind Sie heute engagiert? Das ist eine treffliche Coiffure. Haben Sie Vapeurs? Die schönen Nuancen! Kommen Sie, ma chère, u.dgl.m.

Die Damen schreien auf den Promenaden das bißchen Französisch so laut, damit man hören soll, daß sie nicht von gemeinem Herkommen sind; das Deutsche sprechen sie heimlich, weil es gemeiner ist. Die Leipziger kann man gleich an der Aussprache eines jeden Worts unterscheiden: sie sagen nicht Tee, sondern Deh, nicht gehen, sondern kehen, nicht gewiß, sondern kewiß, nicht Nadel, sondern Nattel. Das T und D, das P und B können sie gar nicht unterscheiden, daher sieht man auch die schöne Orthographie in ihrem Schreiben; sie fragen allemal, ist es ein weich oder hart P, ein weich oder ein hart T? Und hier soll der Sitz der hohen Sprache sein, wo sie so sehr verhunzt wird?

Nun noch etwas von den Komplimenten sprechen.

Die schmeichelhaftesten Redensarten zählet man zu der feinen Lebensart, die einen jeden Vernünftigen Ekel verursachen oder wohl gar beleidigen würden. Die Sprache des Herzens scheint gänzlich verlorengegangen zu sein, und an deren Stelle ist die gezwungene Modesprache gekommen, weil es die Sprache der Höflichkeit sein soll. Man schränkt sich bloß auf das Wort Ehre ein; wenn man sagen könnte, es ist mir ein Vergnügen, so heißt's, es macht mir eine große Ehre; man schämt sich nicht, hier eine Unwahrheit gesagt zu haben, denn niemals ist es die Sprache des Herzens, ein jedes Wort ist Zeremoniell.

Christmarkt, Weihnachten, Neujahr

Der Christmarkt ist hier fast wie in Berlin. Er geht drei Tage vor dem Fest an. In diesen Tagen sind auf dem Markt große und kleine Buden aufgebaut, die bei Abend illuminiert werden und ein schönes Schauspiel von sich geben.

Hier steht eine Bude mit allerlei Spielsachen vor Kinder, als Bäume, Häuser, Gärten, Kutschen, Schlitten und dergleichen. Neben dieser sieht man Schränke, Tische, Stühle, Betten, Kanapees und andere Tischlerarbeiten. Nicht weit davon wird man von dem schön geputzten Messingkram ganz verblendet. Hier steht eine Bude voll Zinn, da eine voll Silber, hier wieder eine voll Galanteriewaren, da steht ein altes Weib, hat einen kleinen Tisch vor sich, welcher mit Mißgeburten von Doggen besetzt ist, an deren jeder ein Zettel hängt, mit niedriger Unfläterei zusammengesetzt. Und diese findet bald Abgang; ich habe wirklich Leute, die doch was auf sich halten wollten, solche Wechselbälge kaufen sehen, welche sie dem ersten besten Frauenzimmer zum Weihnachtsgeschenk präsentierten.

Es ist schrecklich, wie weit es jetzt gekommen ist, solche Weiber sollte man aus der Stadt peitschen, die dergleichen schändliches Zeug, worüber der gesittete Mensch schamrot werden würde, öffentlich verkaufen; aber dieses ist eine Sache, worüber man scherzt.

Es ist in diesen drei Abenden so voll Menschen, daß man kaum durch die Gänge kommen kann. Die Studenten machen dabei den größten Lärm; es hängen sich acht bis zwölfe aneinander an, und wenn sie ein paar Frauenzimmer begegnen, so schließen sie einen Kreis um sie, daß selbige nicht wieder heraus können, dabei treiben sie allerhand pöbelhafte Possen und lachen hinterher, als ob sie etwas Schönes getan hätten. Einige von ihnen sind so unverschämt, daß sie sich kleine Trompeten von Holz kaufen und einem jeden Frauenzimmer, bei denen sie vorbeigehen, ins Ohr blasen. Dieses nennen sie Kommers.

So viel Menschen auch da herumgehen und die schönen Sachen angaffen und bewundern, so kaufen sie doch nichts, und ich glaube, daß die Leute von den Abenden kaum auf ihre Unkosten kommen könnten, wenn nicht am Tage mehr gekauft würde, und dieses geschieht auch. Es ist unglaublich, was die Leute zu der Zeit vor Geld verschwenden. In Familien, wo nach der Leipziger Sprache der ›Heilige Christ beschert‹, sind an den Heiligen Abend so viel Tische, als Kinder und Hausgenossen da sind, mit Spielsachen, Kleidern und dergleichen aufgeputzt, die Äpfel, Nüsse und eine Stolle nicht zu vergessen, denn die drei letzten Artikel müssen notwendig dabei sein, wenn es auch die gemeinsten Handwerksleute wären.

Die Kinder müssen vorher erst eine Rede oder ein Gedicht auswendig hersagen, ehe sie die geschenkten Sachen in Besitz nehmen können; dieses macht ihnen entweder ihr Hofmeister oder der Schullehrer, bei dem sie in die Schule gehen; sie plappern es ohne allen Sinn und Verstand her und sind herzlich froh, wenn es vorbei ist, ich glaube, kein Kind weiß, was es sagt, ihr ganzes Augenmerk ist auf die Geschenke gerichtet. –

Es herrscht auch noch an dem Abend viel Aberglauben, sowohl in Leipzig als in den umliegenden Dörfern, und dies besonders unter dem gemeinen Volk. Sie gießen Blei ins Wasser, um daraus ihr künftig Glück zu beurteilen, die Mädchen, die gerne einen Mann haben wollen, ziehen sich nackend aus und sehen in ein Gefäß mit Wasser, und hierinnen wollen sie bemerken können, wie er beschaffen ist; was bei dergleichen Possen für Schändlichkeiten vorgehen ist unglaublich. –

Das Neujahrsgratulieren ist hier unter Freunden so ziemlich abgeschafft, man wünscht sich ein glücklich Jahr, wenn man sich sieht. Vor wenig Jahren war es noch stark Mode, daß die Bedienten und Mägde von Haus zu Haus gehen und entweder den Namen ihrer Herrschaft aufschreiben oder ein Billett abgeben mußten. Unter den vielen hundert Wünschen waren gewiß nicht zehen, die aus gutem Herzen flossen; zum Schein wünschte man sich Glück, und im Herzen dachte man ganz anders. Indessen unterlassen doch nicht Nachtwächter, Türmer, Schornsteinfeger, Ratsdiener, und wie die Leute alle heißen, vor ein paar Groschen alles Heil und Segen zu wünschen. Ihr Wunsch ist allemal nach dem Geld eingerichtet; vor zwei Groschen wünschen sie ein glücklich Neujahr, vor sechs Groschen ist schon Heil und Segen dabei, und vor acht Groschen kommt noch die ewige Seligkeit dazu.

Studenten

So groß auch die Vorteile sind, die ein junger Mensch hier einsammeln kann, so will ich es doch keinem Jüngling raten, ohne alle Aufsicht und Erfahrung hieher zu gehen. Es gibt hier zwei ganz entgegengesetzte Gattungen junger Leute, die sich dem Studieren widmen. Die erstere übertreibt die Galanterie bis zum Ekel, und die letztere sucht in den albernsten Renommistenstreichen ihren größten Ruhm und Ehre. Es gibt wenige, die die Mittelstraße gehen; kommt nun ein junger Mensch ohne alle Aufsicht hieher, so wird er entweder ein Anhänger der ersteren oder der letztern. Die erstere ist mit vielen Kosten, Zeitverderb und andern Torheiten verknüpft, und die letztere zieht Folgen nach sich, die einen jungen Menschen seine ganze Lebenszeit durch unbrauchbar und untüchtig machen. Hat er aber einen guten vernünftigen Führer, so wird er schwerlich seinen Zweck verfehlen, da im Gegenteil sich ihm tausend Zerstreuungen darbieten, die ihn vom Studieren abhalten. Der Glanz des Orts, die vielen Gesellschaften und Vergnügen, das öftere Aussetzen der Lehrstunden werden ihn zu Torheiten verleiten, die seinen Sitten und seiner Lebensart äußerst nachteilig sind.

Viele haben sichs zum Gesetz gemacht, keinem Menschen auf der Straße auszuweichen, am allerwenigsten einem Handwerksburschen; dieses gibt zu Wortwechsel und Tätigkeiten Anlaß, die von übeln Folgen sind. Woher entstand vor einigen Jahren der große Tumult, wo so viele Leute unglücklich wurden, anders als von dem Ausweichen. Ein Stadtsoldate stößt an einen Studenten an, weil keiner von beiden ausweichen will, der Student hält es vor Beleidigung, und nun ging der Krieg los. Im Tor, wenn sie den Einlaßgroschen bezahlen sollen, fangen sie allemal Zwistigkeiten an und betrügen den Einlaß auf alle nur mögliche Art.

Hat ein Student seinen Cursum Akademicum in der Medizin oder Jurisprudenz geendigt, so disputiert er. Die Sätze, worüber er disputieren will, wählt er selbst, so auch den Präses und die beiden Opponenten. Ehe er disputiert, so geht er die Theses mit den Opponenten und dem Professor als Präses genau durch, bringt sie zu Papier und liest sie an dem öffentlichen Orte ab. Sie wissen alle schon, was sie sagen wollen. Der Präses bekommt vor die Geduld, den Streit ablesen zu hören, einen Louisdor, und die Opponenten saufen und fressen auf die Unkosten dessen, der disputiert hat. Komisch genug, daß dieses den Schein eines Impromptus haben soll.

Buchhändler

Deren sind hier etliche zwanzig. Schon im Anfange des sechszehnten Jahrhunderts waren die Leipziger Buchhandlungen beträchtlich, und jetzt ist Leipzig der Mittelpunkt derselben. Sie sind gleichsam in ihrem Elemente; ihre Pressen sind auf viele Jahre mit Produkten verschiedener Art besetzt, womit sie ganz Europa überschwemmen, und jetzt ist es sogar der gelehrten Buchhandlung eingefallen, Bücher nach Amerika zu schicken; ob dieses Unternehmen von demjenigen Nutzen sein wird, den man sich davon verspricht, daran zweifle ich sehr stark.

Die berühmteste Buchhandlung ist die Weidemanns Erben und Reichsche, sie zeichnet sich durch die typographische Schönheit ihrer Verlagsbücher besonders aus. Ein Beweis derselben ist die neue Ausgabe von Zimmermanns ›Einsamkeit‹. Herr Reich zieht durch sein starkes pro labore die besten Autores an sich.

Vor einiger Zeit schrieb er an einen Autor, der sein Buch an den Verleger des Orts, wo er wohnte, gegeben hatte, welches auch so wohl aufgenommen wurde, daß es die dritte Auflage erlebte. Herr Reich, seiner gewöhnlichen schönen Mode nach, schrieb gleich an den Verfasser, bot ihn funfzehn Reichstaler pro Bogen, und siehe, der Herr Autor ließ sich durch die schönen Louisdors blenden und schrieb etwas zusammen, welches freilich weit unter seinem ersten Werke stund. Er ging damit zum Buchhändler seines Orts, der das erste Werkchen von ihm verlegt hatte, zeigte ihm den Brief des Herrn Reichs und bot ihm das Manuskript an, wenn er drei Louisdor bezahlen würde. »Nein!« antwortete der Mann ganz erschrokken, »da müßte ein junger Anfänger zum Schelm werden, ich danke vor das Manuskript, geben Sie es nur Herrn Reich.« –

Kann man sich nun wohl noch wundern, wenn die Bücher zu solchen enormen Preisen steigen, da man Übersetzungen ebenso teuer als Originale bezahlen muß?

Der Buchhändler weiß daher keinen andern Ausweg, um zu seinen Kosten wieder zu kommen, als daß er kleine Auflagen und teure Preise macht und das Publikum dadurch schindet. Diese schönen Gewohnheiten, wie auch die kontante Art zu handeln, die sonst gar nicht Mode war, so daß die Leipziger Buchhändler auch Verlagsbücher changieren mußten und nicht nötig hatten, ihre Zuflucht zu Marbache und Konsorten zu nehmen, alles dieses, sage ich, haben wir dem Herrn Reich und Weygand zu verdanken.

Herr Reich sowohl als alle andere Leipziger Buchhändler glauben, daß der Fremde, der ihren Verlag vor bares Geld kauft, ihn ebenso geschwind an seinem Ort absetzen könnte, weil sie in der Meinung stehn, daß alles, was sie drucken, sehr gut ist. Weit gefehlt, meine Herren, sie drucken ebenso wie jeder andere Buchhändler Makulatur, haben wohl oft schon Makulatur unter der Presse, welches an einem andern Ort kein Mensch haben will, und dennoch verlangen sie gleich bare Bezahlung in vollwichtigen Louisdors, machen hämische Gesichter, wenn ihnen der fremde Buchhändler nur einen Teil seiner Schuld bezahlt, versagen ihm wohl gar allen Kredit,

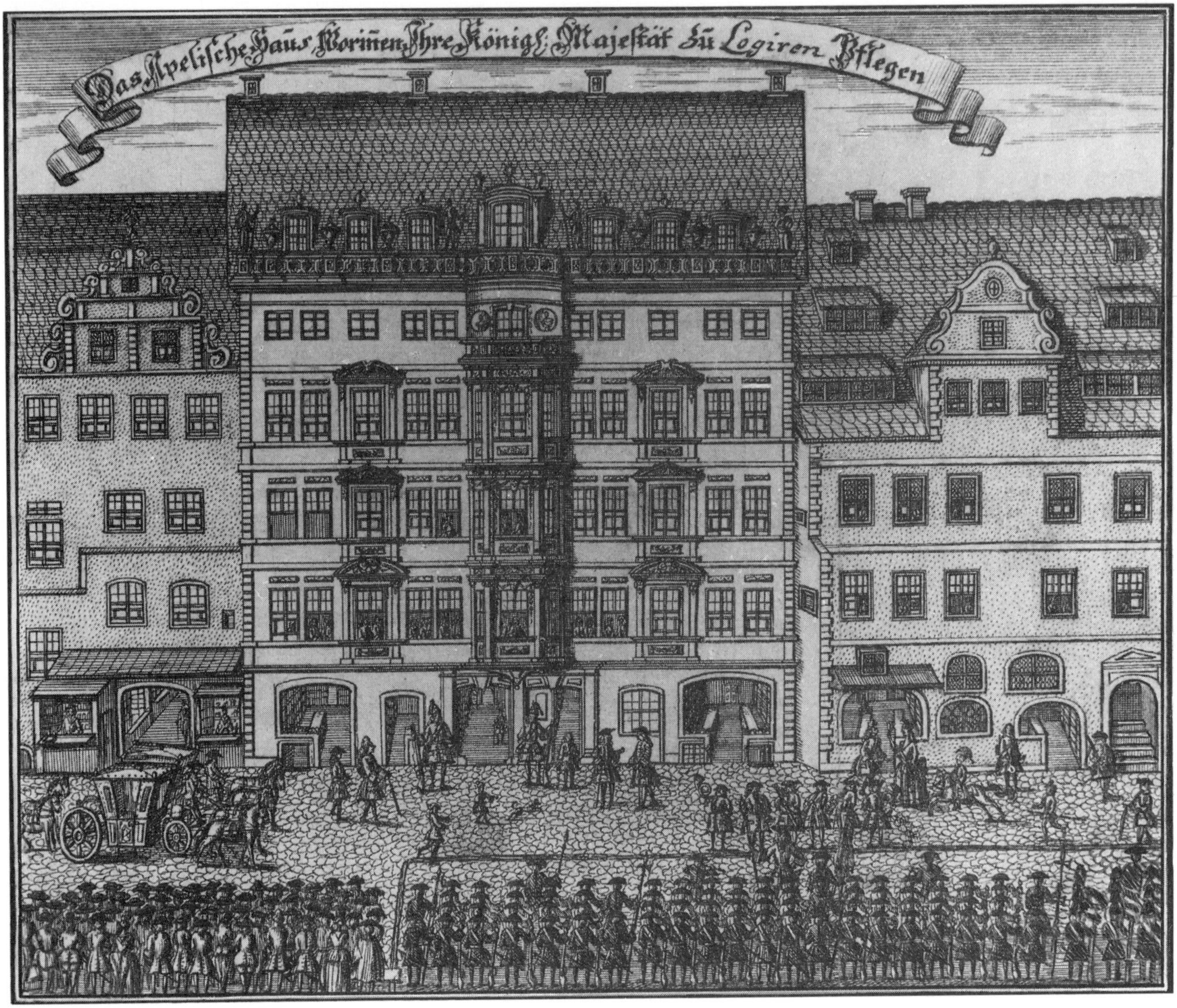

Das Apelsche Haus am Markt.
Kupferstich von Thomas Christian Scheffler

bis die ganze Rechnung abgetan ist, bedenken aber keineswegs, daß der fremde Buchhändler große Unkosten hat, daß ihm viele Bücher auf dem Lager liegenbleiben, die er nicht remittieren darf, weil er sie oftmals in Jahr und Tag erst von seinen Kundleuten zurückbekömmt. Er würde gewiß vor hundert Taler nur dreißig bezahlen dürfen, wenn er dasjenige, was ihm liegenbleibt, anrechnen dürfte. Doch genug – es ist eine ausgemachte Wahrheit, daß die fremden

Buchhändler der Leipziger ihre Lasttiere sind, es würde alles Reden und Schreiben darüber verloren sein, da einer allein nicht vermögend sein kann, eine Änderung zu treffen.

Die Crusiusische, Fritsche, Gleditsche und Dyksche Buchhandlung sind auch beträchtlich, letzte druckt nur galante Schriften, Komödien, Romane und dergleichen, alle mit Chodowieckischen Kupfern, damit das Buch doch wenigstens einigen Wert hat, wenn es auch an und vor sich schlecht ist.

Die Weygandsche Handlung ist eine von denen, die die mehresten Verlagsartikel jede Messe zu Markte bringt; die Anzahl derselben beläuft sich gewiß auf etliche dreißig. Herr Weygand gehört eigentlich nicht mit unter die Leipziger Buchhändler, denn er hat keinen offenen Laden, außer in der Messe, und ist daher als ein Fremder anzusehn, ob er gleich auf alle Verlagsartikel Leipzig setzt. Jetzt wohnt er in Dessau. Er hat wenig Freunde unter den Buchhändlern, sein tolles unsinniges Betragen macht ihn bei allen verhaßt, und es wird keiner ohne Zank und Streit von ihm weggehn. Will ihn einer etwas von seiner Rechnung abziehn, so tobt und lärmt er wie ein Rasender, es kommt dabei immer zum harten Wortwechsel und öfters auch zum Handgemenge. So hatte er vor einiger Zeit mit einem Buchhändler aus B. wegen acht Groschen einen Zank, der mit Pistolen sollte ausgemacht werden. Mit seiner Frau liegt er auch im Prozeß und will sich von ihr scheiden lassen, er ist dieserwegen nach Dessau gezogen, um nicht in einer Stadt mit ihr zu wohnen. Die Geschichte ist zu abscheulich, als daß man sie noch erzählen sollte. Die übrigen kleinen Buchhandlungen beschäftigen sich besonders mit Kommissionen auswärtiger Buchhändler, diejenige, die die mehresten dergleichen Kommissionen hat, ist die Kummersche.

Hätten die Leipziger Buchhändler nicht die Fremden, die ihnen ihre Bücher abnähmen, sie würden bald zugrunde gehen müssen, aber hierauf trotzen sie, und leider können sie dieses auch; denn da Leipzig der Mittelpunkt ist, wo alle auswärtige Buchhändler hinkommen und ihr sauerverdientes Geld den Leipzigern ins Haus bringen müssen, so können sie freilich reiche Leute werden. Von dem Absatz könnten sie nicht leben, denn der ist sehr schwach. Sie brauchen keine Reisen zu machen, können die Fracht, Ladenzins und hundert andere Ausgaben ersparen, welche den Fremden so beschwerlich fallen. Wovon sollten aber auch sie und ihre Weiber solchen Staat machen, wenn ihnen jene nicht dazu kontribuierten?

Antiquare

Sie sind die Feinde der Buchhändler und suchen ihnen allen Verdienst vor dem Maule wegzufischen. Wenn ein Student ein altes Buch zu verhandeln hat, so geht er zum ersten besten Antiquarius, verkauft es um ein paar Groschen, und jener freut sich, wenn er es einem andern um den doppelten Preis wieder verkaufen kann. Sie geben den mehresten Büchern selbst Titel, die sie nicht verstehen, denn literarische Kenntnis muß man bei ihnen nicht suchen; so habe ich zum

Beispiel ein Buch gesehen, wo darauf geschrieben stand ›Arndts Paradiesgärtlein‹, und wie ich das Buch aufschlage, so war es ›Das galante Sachsen‹; man darf ihnen diese Betrügereien nicht übel auslegen, denn nichts als ihre Dürftigkeit verleitet sie dazu. Daß dieses der elendeste Handel ist, kann man sich leicht vorstellen.

Sie bestehen meist aus abgesetzten Markthelfern und unbrauchbaren Bedienten. Ihre Bibliotheken haben sie auf freier Straße ausgelegt, so daß Regen und Sonnenschein, Staub und Kot ihre äußerliche Schönheit oft verderben.

Autores

Es bedarf heutzutage eben keiner großen Geschicklichkeit, ein Autor zu sein. Man darf ja nur ein halbhundert Romane gelesen haben, so kann man ja leicht daraus zwei oder drei zusammensetzen, je toller, je besser. Man darf auch nur die Werke der großen Poeten sammeln und solche mit seinen eigenen wässerichten Gedichten durchflechten, so ist gleich ein Bändchen Gedichte fertig. Das Publikum nimmt es nicht so genau, wenn es auch die Speise zweimal verdauen muß, desto weniger darf es befürchten zu verhungern. Ein Autor kann hier sein Manuskript leicht unterbringen, bezahlt ihn gleich der Buchhändler nicht nach Verdienst, so dediziert er sein Werk einem hohen Gönner, von dem er ein Dutzend Dukaten zu hoffen hat. Vielmals haben aber die Gönner so wenig Kenntnis, daß sie die göttlichen Talente des Herrn Autors nicht zu schätzen wissen, und so fallen denn auch die Dukaten weg. Doch der Mann schreibt ja nicht des Geldes wegen, er will nur durch sein Buch Nutzen stiften, allenfalls läßt er seinen Namen darauf drucken, und dieses geschieht auch nicht aus Ehrgeiz; nein, man hat ja Exempel, daß nichtswürdige Leute ein Buch von dem besten Autor vor ihre Arbeit ausgegeben haben, das wäre ja nicht erlaubt, wenn ein Autor alle seine Mühe und Arbeit angewendet hätte und hernach käme ein anderer, der in seinem ganzen Kopf nicht so viel Kenntnis hat als der rechtmäßige Urheber in seiner kleinen Fußzehe. Also besser, er läßt seinen Namen auf den Titel des Buchs oder unter die Vorrede setzen. Ich glaube, daß vor zehn Jahren kaum zwölf Autores so viel Nutzen gestiftet haben, als jetzt ein einziger in Zeit von ein paar Monaten stiftet. Man hat mir gesagt, daß zu selbiger Zeit das Makulatur außerordentlich teuer gewesen sein soll, so daß die Kaufleute, Puder-, Butter- und Käsehändler viel auf die Ware haben schlagen müssen; jetzt haben sie dieses gewiß nicht nötig, ich glaube vielmehr, daß sie selbst mit Makulatur handeln.

Wird in einer Gesellschaft von einem Buche gesprochen, wo der Autor nicht bekannt, so meldet er sich gleich, wenn er zugegen ist, und nun erhält er von der ganzen Gesellschaft die größten Lobeserhebungen, da wohl sonst mancher sein wahres Urteil darüber gefällt haben würde. Der Herr Autor unterläßt nicht, dieses Lob von sich abzuwenden, spricht von einem nichtsbedeutenden Werkchen, das er auf Verlangen seiner Freunde habe herausgeben müssen, und dergleichen. Er müßte seinen Kniff nicht gut verstehen, wenn er nicht gleich daraus urteilen könnte, daß ihm dieses noch mehr Ruhm erwürbe. Er bedauert nur, daß das Publikum gar zu wenig Geschmack habe und seine Verdienste nicht zu schätzen wüßte und daß er nie als Autor wieder erscheinen würde. In seinem Pult aber liegt schon ein neues Werk wieder parat, womit er einen Buchhändler heimzusuchen gedenkt.

Prediger

Strafpredigten mit donnernder Stimme habe ich fast allezeit von ihnen gehört, deren Schluß ungefähr also lautet: ›Tod und die ewige Verdammnis wird über euch kommen, wenn ihr nicht ablaßt von euren

Die singende Muse an der Pleiße.
Kupferstich von Christian Friedrich Boëtius

Sünden; der Zorn des Allmächtigen wird nicht ausbleiben, und seine Rache wird euch verfolgen ewiglich, Amen.‹ Wenn die guten Leute den Weg zum menschlichen Herzen besser verstünden, so würden sie nicht mit solchen fürchterlichen Drohungen die Herzen der Zuhörer von sich entfernen.

Burscher, Professor der Theologie, besitzt eine große Fertigkeit im Schreien und Agieren auf der Kanzel, seine literarischen und historischen Kenntnisse teilt er ohne Ordnung und Auswahl in dem geschmacklosesten Vortrage mit. Die Kirchenväter versteht er nur aus der Version und ist unfähig, ihren wahren Sinn zu beurteilen. Er ist übrigens ein frommer Mann und besitzt wenig Stolz; er besucht täglich die Promenade und lebt recht nach der Gesundheit. Die Hermesiade hat ihm wenig Ehre gemacht.

Degenkolb hat viele Anhänger beim Pöbel, bekümmert sich um alle Stadtneuigkeiten, die er auch mit in seinen Predigten erwähnet, und mietet seine Dienstmädchen alle selbst, wobei er denn gemeiniglich auf Schönheit sieht.

Eichler hat öfters das Podagra, daher kann man es ihm nicht verdenken, wenn er sich auf der Kanzel setzt und die Predigten aus Postillen abliest, die Zuhörer werden dabei in einen sanften Schlaf gewiegt, woraus sie nicht eher erwachen, als bis er Amen sagt. Das Beichtgeld besieht er erst, ehe er absolviert. Den Bierschank hat er aufgeben müssen, weil sich die Rasterschenken bei dem Rat beschwerten, daß er ihnen das Brot wegnähme.

Ide gehört mit unter die besten Leipziger Prediger, er zeichnet sich durch vernunftmäßigen Inhalt und guten Vortrag in seinen Predigten besonders aus. Schade, daß der Mann so kränklich ist.

Körner, General-Superintendent. Sein dikker Bauch läßt nicht zu, daß er oft predigen kann, weil es ihm sehr sauer werden muß; doch dafür ist er auch Superintendent. Er liebt das Landleben und hat sich dieserwegen ohnlängst einen Garten gekauft, den er superintendentenmäßig verschönert hat.

Morus. ›Sei stolz auf diesen Mann, Leipzig!‹ sollte jeder mit mir ausrufen, aber leider kennt man ihn nicht ganz. Er ist der einzige, bei dem man gesunde Exegese findet, und hat einen liebenswürdigen sanften Charakter.

Zollikofer, Prediger der reformierten Gemeinde. Man findet bei ihm alles vereinigt, was zu einen guten Prediger gehören muß. Er ist ein aufgeklärter Philosoph und Exeget und ein philosophisch und exegetisch aufgeklärter Dogmatiker. Dabei besitzt er Geschmack und Beredsamkeit, sein Charakter ist edel und rechtschaffen und sein Lebenswandel ein Muster der Tugend.

Dieses wären die vorzüglichsten, von denen man etwas sagen könnte, die übrigen kommen nicht in Betrachtung, daher schweig ich von ihnen.

Apotheken

Die beiden vorzüglichsten sind die Apotheke ›Zum König Salomo‹ und die ›Zum Goldnen Löwen‹; erstere gehört dem Doktor Gallisch und letztere dem Kommerzienrat Linke. Die Einrichtung von beiden ist so vortrefflich, daß man sie schwerlich an andern Orten so gut antreffen wird. Die schöne Einrichtung von außen, die gute Medizin, die prompte Bedienung, alles dieses gereicht zu ihrem Lobe. Die Provisors sowohl als die Gesellen haben die besten Kenntnisse in der Arzneiwissenschaft, sie haben meist studiert und medizinische Kollegia frequentiert. In der Salomons-Apotheke befinden sich zwei Provisors, zwei Gesellen, vier Pursche und vier Stößer; soviel ihrer auch sind, so haben sie doch alle vollauf zu tun. Von früh bis spät in die Nacht wimmelt es von Menschen, die Medizin holen. Man kann hieraus urteilen, in was für kränklichen Umständen sich die Leipziger befinden, die sie sich durch ihre Wollust und schlechte Lebensart zuziehen. Alle einlaufende Rezepte enthalten Mittel wider die venerischen Krankheiten. Bei vorfallenden Gelegenheiten kann man auch des Nachts Arznei bekommen, und dieserwegen muß allezeit ein Stößer, der die Woche hat, in der Apotheke schlafen. Über seinem Bette ist eine Klingel angebracht, damit er gleich hören kann, wenn jemand kommt, und so muß er den untersten Gesellen wecken, damit solcher das Rezept oder die Arznei besorgt. Übrigens sind die hiesigen Apotheken diejenigen Orte, wo man alle mögliche Neuigkeiten erfahren kann, die in der Stadt passieren. In dieser Absicht kommen viele Leute hin, trinken ein paar Gläser Aquavit, um ihre Neugierde zu stillen. Erfahren sie nichts, so erdichten sie geschwind etwas, welches denn gar bald in der Stadt bekannt wird, daher sagt man im Sprüchwort: ›Es ist eine Apotheker-Neuigkeit.‹ Die Prinzipale bekümmern sich wenig um ihre Offizinen, sondern überlassen sie gänzlich ihren Provisoren; wenigstens kann ich mich nicht erinnern, den Herrn D. Gallisch in der Apotheke oder Laboratorio gesehen zu haben, öfterer aber im Italienerkeller und Weinhause.

Chirurgen

Diese sind die Doktores der gemeinen Leute, sie setzen Klistiere, verbinden äußerliche Schäden, schröpfen, legen Spanische Fliegen, lassen zur Ader und – barbieren; denn im Grunde sind sie nichts weiter als Barbiergesellen, die mehresten haben auch Barbierstuben, die Vornehmen überlassen das letztere bloß ihren Gesellen. Sie kurieren wohlfeil und stehen sich recht gut, verstehen dabei die Kunst, die Doktores zu tadeln und ihre Kranken in die andere Welt zu schicken. Die Klistiere halten sie vor das beste Mittel in allen Krankheiten; ich sahe zum Beispiel einen Mann, der Verstopfungen in der Nase, mit einem heftigen Kopfschmerz begleitet, hatte; seine Frau riet ihm, den Chirurgus kommen zu lassen, es war ein kleines dickes Kerlchen. Man erzählte ihm, daß der Mann keine Luft in der Nase bekommen könnte und daß er heftige Kopfschmerzen habe; er sahe erst den Kranken genau an, fühlte ihm nach den Puls, fragte, wievielmal er heute offenen Leibes gewesen wäre (es war gegen Abend); auf die Antwort, er habe ihn zweimal gehabt, gab er Tropfen, die der Patient alle Stunden nehmen sollte, und versprach, in einer Stunde wiederzukommen. Nach Verlauf derselben kam er mit allen Werkzeugen, die zum Klistier gehören, wieder. Er setzte dem Patienten ein Klistier, wobei er nicht unterließ, von seinen Wunderkuren viel Rühmens zu machen, und gab die gewisse Versicherung, daß es morgen besser sein würde. Die Tropfen und das Klistier würkten aber so gut, daß der Mann vor Schwäche nicht mehr gehn konnte und in einigen Tagen den Geist aufgeben mußte. Ein Beweis, daß man auch am Schnupfen sterben kann, denn dieser Mann hatte einen heftigen Schnupfen, der ihn gewiß zur Gesundheit gedient haben würde, wenn der große Wunderchirurgus nicht geholt worden wäre.

Peruckenmacher

Diese edle Zunft beläuft sich nach einer genauen Berechnung, mit Herren, Gesellen und Pfuschern, auf vierhundert Mann. Aber ist das möglich, werden meine Leser denken, daß sich in Leipzig soviel von Peruckenmachen und Frisieren ernähren können? Freilich, wenn sie sich davon allein erhalten sollten, würden sie nicht so viel Staat machen können. Die Gesellen verdienen im geheim mit Besorgung gewisser einladenden Billetts zu Rendezvous an Mannspersonen und Frauenzimmer vieles Geld; übrigens betrügen sie ihre Prinzipale, weil diese nicht so genau auf sie achtgeben können, und machen von dem untergeschlagenen Gelde den Stutzer. Die Weiber der Pfuscher sind die ausgelerntesten Kupplerinnen, sie wissen sich solcher schrecklicher und niedriger Mittel zu bedienen, um unschuldige Mädchen in ihr Garn zu locken, daß man dafür zurückschaudern muß. Wird etwa einmal so eine Schändlichkeit durch die Polizei entdeckt (welches jedoch selten geschieht), so kommen sie ein Jahr ins Zuchthaus, wo sie beim Spinnrad neue Projekte entwerfen können, die sie in Zukunft auszuführen gedenken.

Ein Geselle, der früh in dem schmutzigsten Puderkittel herumläuft, erscheint des Nachmittags in dem neusten Modekleide, mit Gold und Silber besetzt. Er geht in Gesellschaften, raucht in einer langen Pfeife Tabak und geht so stolz auf und ab, daß man leicht sehen kann, er spielt eine große Rolle. Er setzt sich an eben den Tisch, wo einige seiner Kunden zugegen sind, unterhält sich mit ihnen von seinen Bekanntschaften, Aufwande, Reisen und Stadtneuigkeiten und sieht es sehr gerne, wenn man ihn als einen Menschen von Kenntnissen behandelt.

Sie haben auf dem Thonberge jährlich zwei bis drei Hauptzusammenkünfte, wo sie sich mit Essen, Trinken, Tanzen und ... beschäftigen; dieses nennt man einen Pomadenschmaus.

Die Weiber der Herren tragen sich wie Damen von Stande, ihre Männer saufen in den Aubergen bei der Stadt oder auf den Dörfern große Zechen, um sich sehen zu lassen, zu Hause aber trinken sie Kofent oder Wasser.

Advokaten

Ihre größte Geschicklichkeit besteht darinnen, daß sie die Güter ihrer Klienten bis auf den letzten Heller aussaugen und sie an den Bettelstab bringen. Sie sind überhaupt dasjenige was ihre Kollegen an einem jeden Ort sein. Will einer sich durch seine Schreibart von den andern unterscheiden, so sind die andern, deren Aufsätze mit leeren Worten angefüllt sind, eifersüchtig auf ihn und suchen ihn auf alle mögliche Art zu schaden. Der gemeine Mann seufzet, wenn er einen Advokaten in einem vergoldeten Kleide sieht, und singt in der Litanei: ›Vor Advokaten behüt mich lieber Herre Gott.‹ Wenn ihre Praxis nicht mehr gehen will, so suchen sie immer ein Ämtchen zu erwischen. Man wird wenige finden, von denen man sagen könnte, sie haben Kenntnisse in Sachen, die zur Bildung des Zeitalters der Menschen etwas beitragen. Sie sollten genug Ehre haben, wenn sie nur die gerechte Sache eines Unglücklichen mit Menschenliebe behandelten, aber nicht sein Vermögen bis auf den letzten Pfennig raubten. Mein Rat: Hütet euch vor ihnen.

Markeurs

Hat man je eine hochmütige, eingebildete und brutale Rasse von Leuten gesehen, so sind es gewiß diese. Es geht über meinen Verstand, wie hoch der Stolz des Pöbels steigen kann, sobald er glaubt, eine Rolle vor den Augen der Welt zu spielen. Buben von den niedrigsten Herkommen, aus der äußersten Armut herausgezogen, oft so klein, daß sie kaum ein Billard übersehen können, werden bald die abgefeimtesten Bösewichter. Im Anfange sind sie so dumm und zaghaft, daß man nicht denken sollte, daß aus ihnen solche Brut entstehen könne. Haben sie sich aber nur erst aus der rohen Hülle, in der sie verborgen waren, herausgewickelt, denn sieht man, was aus dem Früchtchen wird. Sie lernen bald die bon mots der Herrn Studenten, tragen große Schuhschnallen und lernen Billard spielen; haben sie dieses gelernt, so glauben sie die größte Rolle in der Welt zu spielen. Sie forschen einen Fremden aus, ob er viel Geld hat, und darnach richten sie ihr Betragen ein. Spielt ein Fremder nicht so gut Billard wie sie, so lächeln sie höhnisch, werfen Maß und Bälle, wenn sie verlangt werden, verächtlich hin und behandeln ihn als ihresgleichen. Ihre Höflichkeit muß man durch unerwartete Trinkgelder erkaufen, denn Grobheiten haben sie zu Regeln ihres Handwerks gemacht. Haben sie gute Laune, so sprechen sie gerne in alles, was geredet wird, und urteilen von Welt- und Menschenkenntnis wie ein Blinder von der Farbe. Sie haben mehrenteils ein Dienstmädchen auf der Seite, von der sie etwas zu hoffen haben. Denn hier zahlen die Frauenzimmer vor die Gunstbezeugungen der Mannspersonen.

Ladendiener

Ich bedaure meine Leser herzlich, daß ich sie hier mit einer Art Leute unterhalten muß, die gar nicht verdienen, daß man ihrer gedenkt. Allein sie machen hier einen großen Teil des Publikums aus, daher kann ich sie nicht mit Stillschweigen übergehen; doch so kurz als möglich. Ich teile sie in zwei Klassen, und zwar in Hohe und Niedere. Die Höhern sind, die bei Kaufleuten, welche en gros handeln, in Dienste stehen, die Niedern sind, deren Prinzipale mit dem Detail der Waren an Käufer zu tun haben. Die Arbeit der letztern ist gemeiniglich schmutzig, dieses hat auch einen großen Einfluß auf ihre Sitten, daher lassen sie sich von den erstern leicht unterscheiden. Sie sind nichts als Tagelöhner, die bei ihrer Arbeit nur von dem Körper, nicht aber von dem Geist Gebrauch machen; sie haben nicht die geringsten Kenntnisse von Handlung und sind ohne allen Verdienst. Das Abwiegen und Einwickeln eines Pfund Kaffee und Zucker ist ihnen so mechanisch, daß sie sich dabei in jeden Diskurs der Käufer einlassen, ohne irre zu werden.

Beide Klassen wollen den Stutzer machen, sie wollen den bon ton und die feinen Sitten aufrechterhalten, in allen Gesellschaften glänzen und Bewunderung auf sich ziehen. Sie geben den Leuten deutlich zu verstehen, daß man sie nach ihren Kleidern schätzen müsse. Bei Sachen, die sie nicht verstehen, beobachten sie eine stillschweigende Dummheit, und dieses halten sie vor den bon ton. Was wollen sie aber auch verstehen können, wenn sie den ganzen Tag mit Emballierung und Verkaufen beschäftiget sind? Bei einem witzigen Einfall lächeln sie Beifall sich oder andern zu; die Wissenschaft der Mode, Romanlesen, Geld verschwenden und gebrochen Französisch sind Eigenschaften, die ein jeder von ihnen besitzt.

Bei den Putzmacherinnen, Wasch- und Nähtermädchen stehen sie in großen Ansehen, weil sie solche mehrenteils mit einem seidnen Halstuch, Mützenfleckchen oder einigen Pfunden Kaffee und Zucker, welches sie ihren Prinzipalen heimlich entwenden, vor ihre Gunstbezeugungen beschenken. Ohnerachtet ihre Torheiten alle Vernunft übersteigt, so spielen sie doch eine große Rolle und unterhalten den Pöbel mit ihren witzig sein sollenden Einfällen und geben gemeiniglich in seiner Gesellschaft den Ton an.

Heiraten und Ehebruch

Es wird sich wohl jetzt niemand mehr einfallen lassen, ein Mädchen der Schönheit wegen zu heiraten oder seinem Herzen zu folgen; die erste Frage ist: Hat sie Geld? Ja; nun wenn das ist, so mag sie lahm, blind, bucklig, alt und häßlich sein, das Geld macht alle diese Fehler schön. Es fügt sich oft, daß ein reicher Mann seine Tochter einem jungen Menschen zur Ehe verspricht und ihm nach drei Wochen alle Hoffnung, sie je zu besitzen, benimmt. Was ist die Ursache dieser geschwinden Sinnesänderung? Der Vater des jungen Menschen ward während dieser Zeit bankerott. Die jungen Leute mögen sich so zärtlich lieben, wie sie wollen, der junge Mann mag so edel, so rechtschaffen sein, wie er will, der Vater zerreißt die Bande der Natur; fühlt nun ihr armen Unglücklichen den Streich des Glücks und lernt den Wert des Geldes kennen! Ist es dahero wohl ein Wunder, wenn sich Eheleute nach einigen Nächten zu lieben aufhören? Ist es einem solchen Mann zu verdenken, der gezwungen wurde, ein Mädchen zu heiraten, die er nicht leiden kann, bloß weil sie Geld hatte, wenn er sich in die Arme einer Buhlerin wirft? Der Bube von zwölf Jahren sucht schon seine Lüste zu befriedigen, er wählt sich ein Mädchen nach seinen Herzen, ohne auf Geld zu sehen, bald kommt der Befehl der Eltern, eine andere mit Geld zu heiraten, was entsteht aus einer solchen Ehe? Nichts anders als Ehebruch und die grenzenlosesten Ausschweifungen.

Ehebruch ist eine Gewohnheit unserer aufgeklärten Zeiten und eine Folge des offenen Kopf haben und bedenken, daß viel auf die Zensur in einem Lande ankommt, denn sie kann die aufgeklärtesten Meinungen befördern, aber auch unterdrücken.

Die Leipziger Zensur ist vor so ein aufgeklärtes Land so elend, daß sie nicht elender sein könnte. Alles, was gesunder Menschenverstand heißt, ist ihr unbewußt, sie unterstützt die Orthodoxie und ist eine große Beschützerin der alten unverfälschten Lehre. Wir wollen andern ein Beispiel geben, wollen von der Aufklärung unsers Landes reden und müssen zu unserer Schande erfahren, wie man in andern sonst unaufgeklärten Ländern zu handeln anfängt.

Was machte die Konfiszierung des Buchs ›Das abgekürzte Wort des Herrn‹, welches vor zwei Jahren herauskam, der Leipziger Zensur vor Ehre? Mußte sie nicht zweihundert Exemplare, die sie dem fremden Verleger wegnahm, mit allen Unkosten wieder zurückliefern? Was werden meine Leser dazu sagen, wenn ich ihnen mit Gewißheit versichere, daß das Buch in allen katholischen Ländern erlaubt war. Und übrigens, was ist das vor eine Art, einen fremden Buchhändler sein Buch, welches ihm Geld einträgt, wegzunehmen und zu verbieten? Man lese es und urteile, ob wohl etwas Unanständiges darinnen enthalten ist. Der Pöbel, wenn er es liest, wird es nicht verstehen und für Unwahrheit halten, und der Vernünftige wird denken, der Verfasser ist ein Narr. Was kann also so ein Buch für Schaden anrichten? Die Chronik von Leipzig, die Schlözer herausgeben wollte, ist ebenso einfältig und bewies die große Unwissenheit des Zensors.

Was hilft aber auch alles Zensorieren, werden nicht die niedrigsten Pasquille selbst in Leipzig gedruckt und trotz aller Konfikation verkauft?

Doch was nutzt alles Sagen und Reden über eine Materie, die schon so oft gesagt worden ist; das Resultat davon bleibt: man lasse es beim alten.

Messe

Diese wird in Leipzig dreimal gehalten, nämlich zu Ostern, Michael und Neujahr. Erstere ist die stärkste. Es wimmelt zu der Zeit von Menschen aller Nationen, die Geschäfte vielerlei Art treiben. Alles ist dahin abgesehen, Geld zu verdienen oder auch Geld zu verlangen, je nachdem die Umstände sind. Das Chaos und bunte Gewühl der emsigsten Betriebsamkeit, die hungrigen Mienen und der Handelsgeist, den man auf der Stirne eines jeden lesen kann, verschafft dem stillen Beobachter ein wahres Vergnügen.

Hier sind zu haben: alle Sorten englische Waren, als Scheren, Feilen, Zangen, Messer und dergleichen, da hängt eine grüne Tafel mit goldnen Buchstaben: ›Bei Carl Gottlob N.N. sind zu bekommen alle Sorten feine seidne Strümpfe, Halstücher, Schnupftücher usw.‹ Mad. N.N., Modehändlerin aus Paris, hat die Messe zum erstenmal bezogen, sie handelt mit den neuesten Pariser Damenmoden, als: Saloppen, Enveloppen, Schürzen, Halstücher, Hauben, Karkassen etc.,

Folgende Seiten:
Der Markt in der Messe um 1800.
Kupferstich von Christian Gottfried Heinrich Geißler

alles in den wohlfeilsten und billigsten Preisen. An den Ecken der Straßen kleben zehnerlei Zettel, rot, grün, weiß und gelb, verschiedene Sehenswürdigkeiten enthaltend, zum Beispiel ›Heute ist allhier angekommen der berühmte Seiltänzer Spalznari, welcher sich an den berühmtesten Höfen Deutschlands hat sehen lassen‹ etc. Der Schauplatz ist in der großen Bude vor dem Peterstore, man verspricht sich einen zahlreichen Zuspruch. Der berühmte ›französische Marionettenspieler‹ ersucht das Publikum, seinen Narrenspossen beizuwohnen, Standespersonen zahlen nach Belieben. In der neuen Bude vor dem Peterstore sind in Natura zu sehen, wie die gemalte Tafel bezeigt: Kamele, Tiger, Löwen, Meerkatzen, Stachelschweine, Hyänen und Paviane.

Gestern ist allhier angekommen ein Riese, desgleichen noch nicht gesehen worden, ist gut gewachsen, spricht Französisch, ist zu sehen von 8 bis 12 und von 2 bis 6 Uhr. Hier schreit mit heller Stimme ein Kerl mit einer Tafel, auf welcher allerlei Mordsgeschichten, Feuer- und Wasssersnot gar säuberlich abgemalt sind. Das Ansehen hat man umsonst, aber die Geschichten mit einem schönen Liede muß man mit drei Pfennige bezahlen. Um sechs Pfennige ist in einem Guckkasten zu sehen die Belagerung von Jerusalem mit Kanonen und Feuermörsern, das bittere Leiden auf verschiedene Arten etc. Hier durchzieht mit einem Dudelsack und einer Menge Hunden, welche zum Tanzen abgerichtet und mit possierlichen Kleidern behängt sind, ein Kerl alle Straßen, macht mit seiner Suite an einer jeden Ecke halt und zwingt die armen Hunde mit Peitschenhieben, vor die geehrten Zuschauer ihre Sprünge zu machen. Abends hört man auf den Straßen rufen: »Schöne Schattenspiel an der Wand, schöne Laterna magica!« Hierauf wird das Lied ›Nun ruhen alle Wälder‹ und ›Wie schön leucht' uns der Morgenstern‹ geleiert – ich würde nicht fertig werden, alle die schönen Sachen zu beschreiben, die hier zu sehen, zu hören und zu kaufen sind.

Viele Familien nähren sich bloß von der Messe, sie mieten sich ein geräumiges Logis und vermieten solches wieder zur Messezeit in den höchsten Preisen. Alles ist teuer und muß zwei- bis dreimal teuerer bezahlt werden als außer der Messe: es ist dieses nicht der Mangel an Lebensmitteln schuld, denn diese werden im Überfluß alle Tage herbeigeschafft, sondern die Ursache ist: in der Messe muß man sichs bezahlen lassen. Der Fremde muß alles essen und trinken, es sei gut oder schlecht. Die Habsucht kehrt sich daran nicht, wenn es nur bezahlt wird.

Die kleinern Eingänge in die Stadt sind verschlossen, damit ja der Akzise nichts entgehe. Der Kaufmann versichert bei allen, was heilig ist, daß alles, was er habe, die ›neueste Pariser oder Londner Mode‹ sei, und auf sein Wort findet die Ware Abgang. Die Messe ist die Ernte des Kaufmanns, des Wirts, des Juden, des Betrügers, der Huren und aller, die nur ihr Dasein haben.

Gasthöfe, Wirtshäuser

Hier wird alles nach dem Äußerlichen behandelt. Kommt man täglich in ein Gasthaus und verzehrt viel, so wird man ungleich mehr geachtet als ein anderer, der nur selten dahin geht; man wird weit besser bedient, und der Wirt nimmt seine Mütze sechsmal mehr herunter, wenn man einen Taler vor die Mahlzeit zahlt, als einer, der nur vor sechs Groschen speist. Logiert man einige Tage in einem Hotel, und der Wirt rechnet die Kost wohlfeil an, so ist die Rechnung am Ende doch ungleich höher, als man täglich bezahlt hätte; denn sie wissen dasjenige, was sie an der Kost zu wohlfeil angeschlagen haben, an andern Sachen desto höher anzusetzen. Daher ist es immer besser, man bezahlt gleich in dem Augenblick, wenn man eine Sache bekömmt. Hat man eine Bouteille Wein getrunken und verlangt noch eine halbe, so bekommt man eine ganze, ist die vermeinte halbe Bouteille verzehrt, so erhält man noch eine, wenn man sie gleich nicht verlangt hat, am Ende muß man es doch bezahlen, was man nicht getrunken hat.

In der Messe, wenn viel Fremde zugegen sind, ist der Wirt nebst seinen Leuten unausstehlich grob, er glaubt, die Fremden müßten doch zu ihm kommen, und entschuldigt seine Grobheit mit seinen vielen Geschäften. Er vermietet eine Stube, wenn es auch nur ein Loch ist, zwei- bis dreimal, und derjenige, welcher zwei Tage darinnen logiert, muß ebensoviel geben als ein anderer, der acht Tage darinnen wohnt.

Portechaisen

Diese werden bei Feierlichkeiten meist von den Vornehmern gebraucht, obgleich auch Gemeine sich viel darauf einbilden, wenn sie ihre Kindtaufen mit Portechaisen ausrichten. Die Gevattern werden bei dieser Feierlichkeit in die Kirche getragen, wobei sie nicht unterlassen, die Fenster und Vorhänge in den Portechaisen aufzumachen, teils damit die Leute ihren Staat sehen können, teils um zu zeigen, seht, jetzt werde ich getragen. Diese Ehre schätzt man sehr hoch, man weiß sich viel darauf zugute zu tun, wenn alle Leute bei den Rufen der Träger ›Vorgesehn!‹ ausweichen müssen. Wenn sie vor den Kirchtüren aussteigen, so verweilen sie etwas, damit sie ihrer Eitelkeit Genüge leisten und den Leuten Stoff zu ihren Unterredungen geben. Beim schönsten Wetter läßt man sich ins Konzert und in die Oper tragen. Warum? Die schwachen, in enge Schuhe eingepreßten Füßchen können das schlechte Pflaster auf den Straßen nicht vertragen, man könnte ja auch leicht die seidnen Strümpfe beschmutzen und nicht anständig bei den Damen in der Loge erscheinen.

Konzerts

Das große allgemeine Konzert wurde sonst unter der Direktion des Herrn Zemisch, den ich schon beim Opernhause erwähnt habe, in den ›Drei Schwanen‹ gehalten. Wie Hiller das Konzert im Apelschen Hause errichtete, so hörte jenes auf, und jetzt wird es auf dem neuen prächtigen Saale im Gewandhause unter Hillerscher Direktion alle Donnerstage von Michael bis Ostern gegeben. Das Orchester ist, wie man es von Leipzig erwarten kann, gut besetzt. Im Advent und in der Fasten werden Konzerts Spirituels gegeben.

Das zweite beträchtliche ist das Richtersche, welches im Sommer in seinem Garten und im Winter auf seinem Kaffeehaus alle Wochen gehalten wird.

Herr Thomas hält auch alle Sonntage ein Konzert im Opernhause oder, wenn Komödie ist, auf dem neuen Schießgraben, es ist aber höchst elend.

Der Wirt auf der ›Funkenburg‹ und auf dem ›Posthörnchen‹ hat auch um die Erlaubnis angehalten, im Advent und in der Fasten, wenn nicht getanzt werden darf, ein Konzert zu geben. Aber, o Himmel, was sind es vor Konzerts! Englische Tänze und Gassenhauer kratzen die Kerls ohne Noten her, nur um Leute dahin zu locken, die keine Kenntnis von Musik haben; denn Kenner bleiben weg, weil es ihre Ohren beleidigt.

Künstler, Bildergalerie, Naturaliensammlungen, Bibliotheken und Kunstkenner

Sachsen war von jeher die Beschützerin der Künste und Wissenschaften und hat große Männer gezogen. Man wird schwerlich ein Land finden, wo der Geschmack so allgemein ausgebreitet ist. Er erstreckt sich nicht allein auf die Vornehmen, sondern auch auf den Bürger und Handwerker. Der Kurfürst hat selbst die Protektion der Leipziger Zeichen- und Malerakademie übernommen und den Graf Marcolini zum Generaldirektor dieser Akademie ernannt. In dem Winterhalbenjahre werden junge Leute unentgeldlich darinnen unterrichtet, und ihre Arbeiten werden am Friedrichstage in Dresden zur allgemeinen Beurteilung aufgestellt.

Professor Oeser ist Direktor derselben, er ist der größte Künstler unsrer Zeit und hat auf der Malerakademie in Wien unter dem berühmten Donner studiert.

Dauthe, Mitglied der Akademie, hat das Geheimnis der getuschten Manier, ›Le Prince‹, gefunden und verschiedene prächtige Stücke in der Art verfertigt.

Bause ist der beste Kupferstecher in Absicht der Porträts, er hat verschiedene Familien in Leipzig nach Graffs Pinsel in Kupfer gestochen und dadurch viel Ruhm und Ehre erworben. Eine seiner liebenswürdigen Töchter zeichnet vortrefflich, schade, daß sie ein Frauenzimmer ist.

Geyser ist ebenfalls ein großer Künstler, er sticht meist Kupfer zu Romanen.

Mechau hat sich in Italien viele Kenntnisse erworben und ist stark in historischen Gemälden.

Stein ist Lehrer bei der Akademie im Zeichnen.

Schlegel, Bildhauer, hat sich durch das Gellertsche Monument in der Johanniskirche sehr berühmt gemacht.

Breitkopf ist der Erfinder des Noten- und Landkartendrucks; das ›Land der Liebe‹ ist ein Beweis der vortrefflichen Erfindung der letztern.

Capieux, Universitätsmaler, sticht, zeichnet und malet vortrefflich, er ist dabei ein großer Kenner in der Naturhistorie.

Hiller, Musikdirektor und Organist in der neuen Kirche, ist einer der besten deutschen

Gellerts Denkmal
in der Johanniskirche.
Kupferstich von
Gustav Georg Endner

Johann Gottlob Immanuel Breitkopf.
Kupferstich von Jakob Mangot

Tonkünstler, er wendet alles an, um den Leipzigern Vergnügen in dieser Kunst zu verschaffen. Was ist aber sein Lohn? Undank. Er muß kümmerlich leben, doch hat er jetzt vom Herzog von Kurland vierhundert Taler Pension bekommen. Ich gönne dir's, lieber Mann, möchtest du doch auch auf den Einfall kommen, Leipzig zu verlassen, gewiß würde es besser vor dich und deine Kinder sein. Vor etlichen Jahren hatte er drei Schwestern aus Prag bei sich, die er im Singen unterrichtete, er unterhielt sie in Essen, Trinken, Logis und Kleidung und entzog es seiner Familie. Seine Bemühungen waren auch bei einer nicht fruchtlos, sie wurde die beste Sängerin, denn wer kennt nicht die Potleska in der ›Alkeste‹ als Parthenia. Den Leipzigern half es nicht viel; wie sie am stärksten bewundert wurde, ging sie nach Kurland, und Hiller hatte vor seine Bemühungen kaum Dank. Die große Mara ist auch eine Schülerin von ihm.

Die Winklersche Bildergalerie ist sehr vortrefflich, sie ist eine Zierde der Stadt und ein Beweis von dem Reichtum des Besitzers derselben. Man zählt auf achthundert der besten Stücke eines Mengs, Raffaels, Rembrandt, van Dyck, Tischbein, Holbein, Rubens, Correggio und andere mehr. Welch eine Augenweide! Es sind die seligsten Augenblicke, die man haben kann, wenn man die seltensten Gemälde der größten Männer hier aufgestellt sieht. Herz und Auge huldigt dem Stück und dem Maler. Schauspieler und Philosophen, Dichter und Maler finden hier den Tempel ihrer Bildung. Die Gemälde sind in drei Zimmern aufgehängt, die man mittwochs und sonnabends unentgeldlich in Augenschein nehmen kann. Zur Ordnung sowohl als zur Bequemlichkeit der Sehenden ist über die Galerie ein Aufseher gesetzt, der Fremde mit dem Namen des Malers und der Erklärung eines jeden Stücks bekannt macht. Schade, daß der Mann nichts weiter weiß, als, was er auswendig gelernt hat. Dank sei dir, guter Winkler, daß du Schätze sammeltest, nicht vom törichten Gebrauch, sondern vom nutzenschaffenden Verdienst.

Die Richtersche Sammlung ist nicht minder

schön, aber klein. Sie besteht ohngefähr in vierhundert Stücken und enthält Stücke von den besten Meistern.

Das Linksche Naturalienkabinett enthält viele Sehenswürdigkeiten. Es besteht aus allen drei Reichen der Natur. Das Tierreich macht allein ein ganzes Zimmer aus.

Von Menschen befinden sich hier viele unzeitige Mißgeburten. Desgleichen verschiedene Affen, Eidechsen, Schildkröten, Insekten, Schmetterlinge von in- und ausländischer Gattung, Käfer, Raupen, Spinnen, Krebse, Gewürme, Muscheln, Seeigel, Meersterne, Steinpflanzen, Korallen, Seeschwämme und dergleichen. Das Mineralreich macht auch ein Zimmer aus. Es besteht aus Marmor und Edelgesteinen, rohen und geschliffenen Erzstufen, Versteinerungen von Knochen, Zähnen, Skeletten und dergleichen. Das Pflanzenreich besteht aus vielen ausländischen Kräutern, Wurzeln, Samen, Früchten, Hölzern, welches alles in Schubkästen verwahrt ist. Die Kunstwerke machen wieder ein apartes Zimmer aus, sie bestehen aus Urnen, Pokalen, Götzen, Gewehren, Gewanden, Gefäßen, Modellen, Prospekten, aus italienischen Marmorn, geschnittenen und gepreßten Figuren wie auch aus mechanischen, optischen und physikalischen Instrumenten.

Schon vor hundert Jahren wurde der Anfang zu dieser Sammlung gemacht, und Herr Kommerzienrat Linke unterläßt nicht, sie mit allen Eifer zu vermehren. Ein großer Katalogus dieses Kabinetts ist in der Buchhandlung der Gelehrten zu haben.

Das Richtersche Naturalienkabinett ist eins der vollständigsten in Deutschland. Das Konchylienkabinett ist ganz vollständig, und die Versteinerungen sind sehr beträchtlich. Besonders findet man ein Silberstufe sechs Mark innern Gehalts, welche der Fürst von Fürstenberg an dem Besitzer des Kabinetts schenkte.

Die Leskische Sammlung von Naturalien ist ebenfalls schön, aber noch nicht vollständig; der Besitzer wendet jedoch alles an, sie zu komplettieren.

Die Ratsbibliothek ist auf dem Gewandhause in einem Saale von hundertunddreißig Ellen lang und zwanzig Ellen breit. Sie besteht beinahe aus sechszigtausend Bänden, worunter viele seltene enthalten sind. Auch befinden sich auf selbigem andere Merkwürdigkeiten, als: eine sehr gut konservierte Mumie, von der man eine besondere Beschreibung hat, wovon mir der Verfasser unbekannt, ferner zwei große Globi, ein schöner Brennspiegel, zwei Luftpumpen, zwei Statuen von toskanischen Marmor, Apollo und Merkur vorstellend, eine lappische Zaubertrommel und ein runischer Kalender. Will man mehr von dieser Bibliothek wissen, so lese man die Beschreibung derselben oder auch die ›Beschreibung von Leipzig 1784‹.

Die Universitätsbibliothek besteht aus zwanzigtausend Bänden; das historische Fach ist das beste und stärkste. Unter den Handschriften ist die pergamentene Handschrift vom Homer die wichtigste, sie ist ein Quart, und man schätzt ihr Alter auf 1200 Jahr.

Ferner sind hier noch an Bibliotheken merkwürdig die Böhmische, die Bibliothek bei der Thomas- und Nikolaikirche, die

Hommelsche, Marchische, Burschersche und Wenksche. –

Verschiedene unsrer jungen Leute, die sich vor Kunstkenner ausgeben, glauben alle diese Sachen aus dem Grunde zu verstehen, sie denken, wenn sie wissen, was Nuance, Contour, Draperie ist, so geht ihre Gelahrtheit über alles, sie sprechen beständig von Parquetterie, Exegue, Attitude, Basement und dergleichen, ohne zu wissen, was diese Kunstwörter sagen wollen. Diese jungen Herrchen glauben wahrhaftig, es ließe sich ein jeder von ihrer Kenntnis, wie die Gesellschaft der Einfältigen, in der sie sich täglich befinden, blenden. Sie schnappen alles Auffallende, was ein andrer sagt, auf und geben es in der zweiten Gesellschaft vor ihre eigene Erfindung aus, dabei nehmen sie eine Miene an, die den Kenner zu verraten scheint.

Kirchen

Die Thomas, Nikolai, Neue, Peters, Pauliner, Johannis, Reformierte und Katholische sind die vorzüglichsten. Sie sind meist alle nach Verhältnis groß, wenigemal aber voll von Zuhörern, es müßte denn ein Cramer mit eigenen Haaren auf die Kanzel kommen, dann würde die Neugierde der Leipziger die ganze Kirche mit Menschen anfüllen. Die wenigsten gehen der Andacht wegen hinein. Ein Teil tut es aus der Absicht, um seinen Staat sehen zu lassen, der andere, um zu schlafen. Die jungen Herren treten an die Stühle der Frauenzimmer und treiben Mienenspiel. Sie entheiligen dadurch das Haus Gottes und täten besser, wenn sie gar nicht hineingingen, als daß sie andern durch ihr Betragen ein Ärgernis gäben. Man kann zu Hause mehrere Andacht haben, zumal wenn die schläfrigen Prediger die Andacht noch verringern.

Zum Beschluss Leipziger Allerlei

Am Johannistage wird nahe am Spital ein hölzernes Männchen angeputzt. Die ganze Stadt läuft hinaus, um diese Solennität zu sehen; man trinkt Kaffee, hört die Predigt, tanzt, springt, alles zu Ehren des lieben Johannismännchens. Der Rat hat diese alberne Posse vor einem Jahre abgeschafft. Der gemeine Mann wird nun gewiß glauben, daß der Untergang der Stadt nahe sei, weil man diesen alten Gebrauch nicht beibehielt. Denn das Männchen schützte nach seiner Meinung die Stadt vor Feuer, Wassersnot und vor Teurung.

Das Leipziger Parterre ist in ganz Deutschland das ungesittetste. Ungezogenheiten und Kindereien, die man nicht beschreiben kann, werden hier in vollem Maße ausgeübt; das Pochen und Klopfen, Pfeifen und Schreien hört nicht eher auf, als bis der Vorhang aufgezogen ist, und da dauerts öfters noch fort.

Es ist hier stark Mode, Vögel vor die Fenster zu hängen, an deren anmutigen Gesang man sich zu ergötzen pflegt. Mir dünkt auch, vor manchen Fenstern Gimpel gesehen zu haben, doch kann ich meinen Augen nicht recht trauen, weil ich in die Ferne nicht gut sehen kann.

Ich kann nicht gewiß bestimmen, ob die Jungen den Alten oder die Alten den Jungen nachäffen; denn man sieht ebensoviel alte Gecke als junge Stutzer.

Die Wirtschaft des gemeinen Mannes ist oft sehr schlecht bestellt; zu Hause sitzt er in einer schmutzigen Stube, ißt trocken Brot und trinkt Wasser. In den Schenken geht er geputzt einher und trinkt Zechen, die sich bis in die Gulden und Taler belaufen. Zu Hause ist er der Peiniger seiner Frau und Kinder, aber in Gesellschaften ist er der liebreichste und gefälligste Mann, den man andern zum Muster aufstellen könnte.

Ein jeder weiß oder will es doch wenigstens wissen, wie reich der andere ist, wie es mit seinem Gewerbe, Hantierung und dergleichen stehe, ob er viel oder wenig verdiene, ob er gut oder schlecht lebt, ob er viel ausgibt oder einnimmt und dergleichen.

Leipzig vor dem Peterstor.
Kupferstich von Christian Heckel

Man schätzt alles nach Geld, nichts nach Verdienst.

Leipzig hat in Ansehung des Luxus vor andern Städten den Preis erhalten, man muß alle Moden mitmachen und auf der Straße die Augen der Leute auf sich ziehen können. Der gemeine Mann ahmt dem Reichen in Geldverschwenden nach, kann er es nicht mit seinem eigenen Gelde bestreiten, so borgt er. Dieses ist besonders unter den jungen Herrn sehr stark Mode. Der Student macht sich ein Vergnügen daraus, bei dem Handwerksmann zu borgen und ihn zu betrügen. Philister muß man prellen wie die Füchse, ist sein Symbolum. Man höre nur die Klagen der Handwerksleute, so wird man erstaunen. Ökonomisch leben heißt bei Bürgersleuten, wenn sie die Woche nur einmal nach der Schenke fahren, wenn sie nur hundert Taler Mietzins geben, wenn die Frau selbst auf den Markt geht. Ökonomisch heißt bei den Studenten, wenn sie nicht alle Abende an feile Mädchens Geld verschwenden, wenn sie nur einmal in der Woche ausreiten, wenn sie wenig nützliche Bücher kaufen und nicht alle Vierteljahr ein neues Kleid tragen. Ökonomisch heißt bei einem Hochedlen und Hochweisen Rat, wenn er einige tausend Scheffel Korn à ein Taler an den König von Preußen erläßt und sie von selbigem zu fünf Talern den Scheffel wiederkauft. –

Schließlich muß ich noch meine Leser mit einem großen Schriftsteller und Gelehrten allhier bekannt machen. Es ist Herr Kritzinger. Leset nur seine ›Geschichte der Stadt Leipzig‹ und erkennet die schöpferischen Talente dieses großen Gelehrten. Ich führe hier die vorzüglichsten Stellen aus diesem kostbaren Werke an, ohngeachtet sie schon gedruckt sind; allein gute Sachen kann man nicht genug wiederholen. Im ersten Teil:

›Leipzig gehört Europa an. – Die Kohlgärten versehen die Stadt mit Butter, Käse, Milch, Kraut, weißen, roten und gelben Rüben, Zwiebeln, Obst etc. – Die Kurfürstlich Sächsischen Schöppen, welches Wort soviel heißt als Richter, sind der Senior etc. Es ist an diesem Orte vor alters rasende Abgötterei getrieben worden, und unsere Vorfahren haben in abscheulicher Blindheit gelebt. Wie selige Leute sind wir jetzt vor ihnen, dafür wir den allmächtigen Gott danken. – Im Jahr 1418 sind die Zigeuner, ein loses diebisches Volk, nach Leipzig zum erstenmal gekommen. Im Jahr 1519 ist D. Eck, ein frecher und kühner römisch-katholischer Theologus aus Ingolstadt, nach Leipzig gekommen in willens, eine Disputation mit den wittenbergischen Theologen zu halten, welche sich auch einstellten und kamen zum Grimmischen Tore hereingefahren; erstlich A. Bodenstein von Karlstadt, der bricht das Bein im Paulinerkloster und der Wagen fällt in Dreck. Anno 1553 ist ein Schneidergeselle, welcher das hochwürdige Sakrament verachtet, rasend geworden.‹

Im zweiten Teil dieser ›Geschichte‹ heißt es: ›1562 ist ein großer Wind in Leipzig gewesen. Eodem anno ist ein Häscherssohn, so erst funfzehn Jahr alt, geköpft worden, er hatte zween Schüler auf dem Hallischen Wege tödlich verwundet und ihnen vier Groschen und sechs Pfennige abgenommen. Am 23. Juli 1571 kamen versehens hundert Störche in Leipzig, ließen sich auf dem Gewand- und Kornhause nieder, und des andern Tages flogen sie wieder von Leipzig weg. 1587, am 20. Februar, hat einer den Hals gebrochen... Am 18. Oktober 1630 hat sich eine wunderbare Geschichte begeben. Denn als ein Kutschersweib vor dem Peterstore wegen etlicher Schulden, damit sie ihr Ehemann verhaftet, in Schwermut geraten und darüber sich sehr bekümmert, ist ein unbekannter Mann (vermutlich der Teufel) zu ihr gekommen und [hat] gesagt: er sähe wohl, was ihr Anliegen sei, sie sollte mit ihm aus dem Haus gehen, er wollte ihr einen Schatz weisen. Als sie nun mit ihm gegangen und ans Wasser gekommen, hat er sie ergriffen und hineingeworfen, sie ist aber durch Gottes Verleihung wieder herausgekommen und nach Hause gelanget. Montags darauf, da gemeldete Frau früh in die Kirche gehen wollte, ist ein schwarzer Bock (abermals der Teufel †††) auf dem Wege zu ihr gekommen und neben ihr hergegangen. Als sie ihn aber von sich wegstoßen wollen, hat er sie auf die Hörner gefaßt und so davon an einen unbekannten Ort getragen, allda sie acht Tage verblieben und weder gegessen noch getrunken, ist aber wunderlicherweise beim Leben erhalten und endlich von einem Bauer auf den rechten Weg geführt worden und frisch und gesund wieder anheim gekommen.‹ –

Er [Kritzinger] ist auch der Verfasser des ›Leipziger Allerlei‹, ein Auszug aus allen Zeitungen. Nachrichten von ihm selbst sind, wenn ein Schuster auf der Bettelgasse gestorben und wieviel eheliche und uneheliche Kinder geboren worden sind.

Seine übrigen vortrefflichen Werke verlegt er meist in Kompagnie mit dem berühmten Buchhändler Herrn Reinhold aus Freiberg. Sein offener Laden ist im Paulino, worüber er seine liebenswürdige Haushälterin als Buchhalter gesetzt hat.

Prag

Kreuzherrnplatz
Kolorierte Radierung von Jan Jiří Balzer

Diese Stadt ist auf eine Stunde lang und drei Viertelstunden breit; sie besteht aus vier Städten: der Altstadt, Neustadt, Kleinseite und Hradschin. Die Brücke über die Moldau ist sehr schön, man rechnet sie auf achthundertundfunfzig Ellen lang und neunzehn Ellen breit; auf beiden Seiten stehen Statuen der Heiligen, worunter die Statue des heiligen Nepomuk und das Kruzifix von Metall sind. In der Altstadt zählt man auf neunhundert Häuser mit Kirchen und Klöstern, in der Neustadt auf zwölfhundert, auf der Kleinseite fünfhundert und auf dem Hradschin zweihundert. So groß und ansehnlich die Stadt ist, so ist sie doch wenig bevölkert, denn man zählt nur fünfundsiebenzigtausend Einwohner. Gegen die Brücke zu ist es am lebhaftesten, kommt man aber in die kleinern Straßen, so ist es sehr tot. Die Gebäude sind meist alt und schwarz und die Straßen (besonders der Altstadt) sehr schmal und unrein. Die Jesuitergasse, eine Hauptstraße, die nach der Brücke zu führt, ist so eng, daß zwei entgegenkommende Wagen sich nur mit vieler Mühe ausweichen können. Das Schloß, welches auf dem Hradschin steht, ist ein weitläuftiger und unregelmäßiger Klumpen, dessen Aussicht noch das Beste ist. Das Erzbischöfliche Palais ist auf dem Hradschin ohnstreitig das schönste. Die Stadt liegt in einer sehr angenehmen Gegend. Die Kleinseite bietet den angenehmsten Anblick, von der Brücke zu, dar. Die Häuser heben sich am Ufer der Moldau ansehnlich empor. Zur Rechten bedeckt sie der Schloßberg, und das Schloß selbst ragt über alle majestätisch hinweg. Zur Linken ist das Ufer am Berge hin mit Gärten geziert, aus welchen man die Altstadt übersehen kann. In der Moldau liegen zwei Inseln, Groß- und Klein-Venedig genannt, welche im Sommer den angenehmsten Spaziergang der Einwohner ausmachen. Die ansehnlichsten Gebäude der Stadt sind folgende. In der Altstadt: die Frauenkirche im Teyn, das Kollegium Klementinum, das Kollegium Akademikum, der Königshof, das Münzamt, das neue Komödienhaus. Auf der Kleinseite ist das Thunsche, Sternbergische, Nostitzische, Morzinische und Lichtensteinische Palais besonders ansehnlich. Auf dem Hradschin zeichnen sich das schon erwähnte bischöfliche Palais, das adelige Fräuleinstift und der kaiserliche Lustgarten aus.

Lebensart

Man muß in Gesellschaft der Frauenzimmer niemals seine Frau oder sein Mädchen führen, sonst würde man sich dem Gespötte der Stadt aussetzen. Gegen zwei oder drei Uhr pflegt man zu Mittag und um zehn Uhr zu Nacht zu speisen. Leute von Stande haben des Mittags immer vier bis fünf Gerichte und des Abends drei. Man legt sich um ein Uhr schlafen und steht um neune wieder auf. Ehe man noch frühstückt, wird erst Messe gehört, hernach Kaffee getrunken, und alsdann gehen die Damen an ihre Toilette. Nach der Mittagstafel geht oder fährt man spazieren, dann in die Komödie oder Gesellschaft, wo man im Woyda seinen Freunden das Geld abzugewinnen sucht und darüber die größte Freude bezeigt. Die größte Ehre, die man jemanden antut, ist, wenn man ihn zu Tische einladet, denn in Essen und Trinken besteht ihre größte Forsche. Alle Monate muß man wenigstens einmal zur Beichte gehn, wenn man echt katholisch sein will. Die Frau eines andern muß man viel höher achten als seine eigene (wenn sie schön ist). Man muß seinen eigenen Schutzpatron haben, zu dem man in allen Nöten betet. Wenn man jung ist, muß man das Leben genießen, und im Alter kann man erst ans Heiraten denken. Romane und Satiren liest man am liebsten, besonders aber verbotene Bücher.

Aufwand

Die Frau des Kaufmanns sucht der Gräfin im Putz vorzukommen. Diese Leidenschaft, ich meine das Großtun und reicher zu scheinen, als man ist, erstreckt sich nicht nur auf Kleidung, sondern auch aufs Essen und auf die häuslichen Einrichtungen. Ausgemalte Zimmer und prächtige Mobilien zieren die erstern und sind nur zum Anschauen da. Das Stubenmädchen kann man selten von der Frau im Hause unterscheiden. Wche einem Mann, der eine junge Frau hat, alle Monate muß er ihr ein neues Kleid machen lassen, wenn er dieses nicht tut, setzt er sich in die Gefahr – Hörner zu tragen.

Der nichtsbedeutendste Mensch macht den frappantesten Aufwand, und es bekümmert sich weiter niemand darum, wo er's her hat, wenn man gleich weiß, daß sein Aufwand seine Einkünfte übersteigt. Solche Leute dienen zum Beweis, daß die Nahrungswege verschieden sind und daß viele ihren Unterhalt auf eine schändliche Art suchen. Wovon lebt dieser Herr, wovon lebt diese Madame? Von Betrug, Beutelschneiderei und... Es gibt Leute, die ihre ganze Geschicklichkeit dazu anwenden, einen andern um etliche Dukaten zu prellen; sie wissen sich bei jedermann einzuschmeicheln, richten ihre Sprache und Miene nach denjenigen ein, den sie vor sich haben. Sie wissen allerhand wichtige Sachen zu erzählen, wodurch der andere neugierig gemacht wird, sie mögen nun wahr oder nicht wahr sein, so wissen sie doch den Schein der Wahrheit so gut anzubringen, daß es der andere glauben muß, und hinterher lachen sie ihn aus. Man sollte diese Leute, die andere zu schinden suchen, unter die Klasse der unehrlichen setzen, aber hier werden sie geadelt, wenn sie durch die Armut anderer reich geworden. Derjenige, den man vor seinen besten Freund hält, stürzt den andern bei vorkommender Gelegenheit ins Verderben, er weiß dabei der Sache den Anstrich zu geben, als ob er nicht daran schuld wäre, und weiß sich in seiner vorgebenden Freundschaft mehr zu befestigen.

Equipagen, prächtige Equipagen sind ebenso nötig als die kostbarsten Gerichte, wenn man sich sehen lassen will. Das Mädchen, die heiraten will, sieht sehr darauf, ob ihr Liebhaber Equipage hat, ob er Stubenmädchen, Bedienten, Köche und dergleichen hält; wenn er dieses besitzt, nun, so ist ja kein

Folgende Seiten:
Karlsbrücke und Hradschin.
Kolorierte Radierung von Jan Jiří Balzer

beßrer Mann zu finden. Es geschieht aber auch sehr oft, daß junge Eheleute prächtig einherfahren, und wenn das Geld verfahren ist, so gehen sie demütig zu Fuße.

So viel Pferde, als ein Mann hält, so viel müssen auch vorgespannt werden, ebenso auch die Bedienten; man sieht daher alle Augenblick Wagen mit vier und sechs Pferden, auf welchen ein halb Dutzend Bediente hängen, wenn auch der gnädige Herr nur über die Straße fährt. Sooft er ausfährt, so oft muß auch ein anderer Wagen angespannt werden (versteht sich, wenn er mehr als einen hat). Ein Doktor, der nicht in einem Wagen vor das Haus des Patienten fährt, hat wenig Kenntnisse, dessen ohngeachtet gibt es doch die unwissendsten Leute unter ihnen; indessen tröstet man sich damit, wenn der Patient stirbt, daß der Herr Doktor doch im Wagen gekommen sei.

Fressereien

Essen und Trinken ist die Haupteigenschaft der Prager und Wiener, denn erstere suchen sich sehr nach den letztern zu bilden, also auch hierinnen. Frühmorgens wird erst zu einer Schale Kaffee, denn mehr ist nicht Mode, eingetunkt, dies besteht in Semmel, Zwieback oder andern Kuchen. Gegen zwölf Uhr speist man warme Kreutzer-Würsteln, um das Mittagsmahl ohne Magenschmerzen zu erwarten. Um zwei Uhr wird zu Mittag gegessen, und dies dauert bis vier Uhr. Um sechs Uhr nimmt man die Jausen zu sich. Und um zehn Uhr speist man zur Nacht. Männer, und besonders Pfaffen, trinken den Wein ohne Wasser, die Frauenzimmer hingegen trinken nur Wasser allein.

Die Gastfreiheit kann man den Pragern nicht absprechen, sie glauben, daß darinnen die größte Ehre bestehe, die sie einem Fremden antun könnten. Ich habe ihre Speisen außerordentlich delikat gefunden und habe mir oft den Magen überladen, weil mir immer eine Speise besser als die andere schmeckte. In Fasttagen bittet man niemand zu Tische, weil sie da kein Fleisch essen dürfen, sie künsteln aber so viel an den Speisen, daß man oft nicht weiß, ob es Fastenspeisen sind. Vor eine gewisse Summe Geldes, die man dem Erzbischof bezahlt, kann man zeitlebens in Fasttagen Fleisch essen. Lächerlich kam es mir vor zu sehen, bei einem Kaufmann, welcher sich auch von den Fastenspeisen losgekauft hatte, seine Frau hingegen sich im Gewissen verbunden hielt, die Gebote der Kirche zu halten, wie letztere allezeit, wenn sie die Speise ihres Mannes kostete, wieder ausspuckte, damit sie ja keinen Tropfen Brühe vom Fleisch einschlucken möchte. Wilde Enten und Wasserhühner ist bei ihnen eine Fastenspeise, zahme Hühner und Enten hingegen dürfen sie an solchen Tagen nicht essen.

Erziehung

Die Aufsicht über die Erziehung hat hier leider die Frau, die Männer können oder wollen sich vielmehr nicht damit abgeben. Ich würde dieses gar nicht mißbilligen, wenn sie nur die Erziehung verstünden; sie glauben, genug getan zu haben, wenn sie ihre

Kinder in Wäsche und Kleidungsstücken rein halten, das übrige überlassen sie einem jungen Abbé, die oft so unerfahren in der Erziehungskunst als sie selbst sind. Sie wählen diese Männer nicht nach ihrem Verdienst, sondern nach dem Gelde; derjenige, welcher am wohlfeilsten unterrichtet, ist der beste, er sei übrigens geschickt oder nicht. Dieses hat nun einen großen Einfluß auf die Bildung und Sitten der Jugend. Solange man in der Meinung steht, daß ein französischer Abbé die größte Fähigkeit im Erziehen habe, solange werden die Kinder auch nicht besser erzogen werden. Sie würden es für eine Sünde halten, einen Deutschen und noch dazu einen Laien zum Hofmeister zu wählen. Der Deutsche ist ihnen viel zu ernsthaft, viel zu klug, zu bescheiden und witzig in seinen Handlungen, er ist in Gesellschaften viel zu steif, er würde die Kinder mit lauter trocknen und ernsthaften Sachen unterhalten, und dies kann die flatterhafte Dame nicht vertragen. Der junge Herr muß nach ihren Grundsätzen flüchtig und leicht in seinen Betragen sein; er muß alle die witzigen Broschüren und Anekdoten im Kopfe haben, die der Deutsche gar nicht kennt, geschweige schätzt; wie kann ihn dieser also zu einem Weltmanne bilden? Er würde ihn nur die Religion und gesunden Menschenverstand einzubringen suchen; allein dies hat der junge Herr nicht nötig, er ist ja von Adel, hat Geld, Equipagen und Ahnen.

Also ein französischer Abbé schickt sich besser. Seine Eigenschaften? Deren hat er überflüssig – er ist täglich geputzt, duftet wie eine Balsambüchse, läßt sich alles gefallen, küßt den Damen die Handschuh, straft die größten Ungezogenheiten nicht, lernt dem jungen Herrn Französisch plappern und Religion und andere Wissenschaften als eine Nebensache betrachten, und so geht der junge Herr in das reifere Alter über, der Hofmeister wird ihm zur Last, er kennt seine Schwäche, spottet seiner und überläßt sich seinen Leidenschaften. Er bekömmt nun eine Stelle, was tut er da? Er hält sich einen Sekretär, der für ihn arbeitet, und fährt, reitet, küßt den Damen die Hände, besucht Schauspiele und ... Er sucht sich nun zu vermählen und wählt eine Dame von Adel, um seine Familie fortzupflanzen oder zu einen großen Ehrenamt zu gelangen; diese Liebe dauert nun eine kurze Zeit (wer kann sich auch zeitlebens nur mit einem Gegenstand beschäftigen!), er ist ihrer satt und wählt sich andere Gegenstände. Hat er Kinder, so muß sich die Gemahlin einen Abbé aussuchen, mit diesem handelt er nun bis aufs Blut; sie sind oft nur um einen Gulden auseinander, aber der gnädige Herr will den Gulden nicht geben, er hat eben ein Pferd gekauft, das ihm 2000 Gulden kostete, dies muß er nun wieder zu ersparen suchen. Das Pferd ist ihm lieber als der Hofmeister, denn dies macht ihm Vergnügen, jener aber nicht; er würde ihn ja leicht entbehren können, wenn nicht ein Zufall gekommen wäre, daß er geheiratet hätte. Dieser kehrt sich nun nicht weiter daran, wenn er nur an der hochadeligen Tafel oder auch nur auf dem Katzentischel

Folgende Seiten:
Hradschinplatz.
Kolorierte Radierung von Jan Jiří Balzer

speisen und dann und wann mit den Kindern ausfahren kann, dies kützelt ihn.

Die Erziehung der gnädigen Fräuleins ist ebenso töricht, und diese geschieht durch gewisse Mademoisellen, die Französinnen sein wollen. Ihr Charakter ist so wie ihre Geburt, niedrig; dabei sind sie zänkisch, neidisch, rachsichtig und stolz. Allen diesen schönen Eigenschaften ohngeachtet sind sie der Abgott der gnädigen Mama.

So eine Weibsperson, die ohne Grundsätze, ohne Bildung, ohne Kenntnisse, ja die nicht einmal ihren Namen schreiben kann, so eine Weibsperson, sag ich, soll die gnädige Fräulein zu einer tugendhaften, zärtlichen Gattin, zu einer guten Mutter bilden, soll – soll – ja, aber was lernt sie wirklich? Sie lernt ihr Koketterie, Tändelei, verliebte Mienen und andere französische Moden. Wohlstand, Sittsamkeit, Tugend, Mäßigkeit und dergleichen, davon weiß sie nichts, kann es auch nicht lehren. Daher entspringen nun die heimlichen Liebschaften, die schlechten Sitten, Stolz und Verachtung gegen Niedere, daher entstehen die schrecklichen Modekrankheiten, die sich leider von ihnen bis zum gemeinen Mann fortpflanzen.

Doch nicht allein diese Geschöpfe, selbst die Mütter sind an der schlechten Erziehung schuld, sie geben ihnen böse Beispiele, unterrichten sie auch wohl selbst in der Kunst zu gefallen, schreiben ihm ihren Anzug vor, der recht verführerisch für die Männer sein muß. Der Busen muß entblößt, die Miene schalkhaft sein, dieses reizt, sonst nichts – teuflische Grundsätze. Was für Begriffe muß so eine Mutter in der Religion und in der Glückseligkeit des Menschen haben?

Beschaffenheit der Frauenzimmer

Sie sind schön, artig, gefällig. Das erstere trifft man mehrenteils an, aber die beiden letztern Tugenden werden von denen nach der Welt und Mode verdunkelt. Eine Schilderung derselben mag dieses beweisen.

Des Morgens stehen sie auf, wenn andre Menschen schon einige Stunden gearbeitet haben, trinken ihren Kaffee, nehmen Toilettenvisiten an, lassen sich ankleiden, frisieren und schminken (denn natürliche Farbe ist pöbelhaft). Ist dieses geschehen, so wird gespeist, dann ausgefahren, teils in Gesellschaften, teils ins Schauspiel. Haben sie üble Laune, so muß es das Stubenmädchen entgelten, die Ursachen derselben sind oft sehr wichtig. Sie haben eine andre Dame gesehn, die eine neue Mode getragen hat, sie ärgern sich, daß sie nicht zuerst Gebrauch davon machen konnten, oder sie haben unglücklich gespielt und dadurch eine ansehnliche Summe verloren. Eine jede Dame hat neben ihrem Mann noch einen Getreuen, der alle die Ansprüche auf sie hat als jener. Warum sollte dieses aber auch nicht sein, man ahmt ja die Mode den Franzosen nach, sollte man nicht auch die Etikette der Liebe den Italienern nachäffen? Gnädige Frauen und Fräuleins von mindern Adel sind die Affen der erstern, schade, daß sie sich nur nicht so recht in den hohen Stand finden können. Sie vergessen oft, wer ihre Vorfahren waren, und schämen sich, an sie zu denken; es würde auch nicht schicklich sein, wenn man sich seines Vaters, der ein Glockengie-

Haushalt eines Bildhauers.
Radierung von Jan Jiří Balzer

ßer, Sattler oder Branntweinbrenner gewesen ist und dem die Grille im Kopf kam, weil er Geld hatte, das Wörtchen Edler zu kaufen, erinnern wollte. Eben dieses läßt sich auch auf die Frauen der Sekretärs und Akzessisten applizieren, die, ob sie gleich nicht ›von‹ heißen, doch so tun, als wenn sie es wären.

Die Frauen und Töchter der Bürger kleiden sich weit prächtiger, als sie sollten; sie sehen viel auf Etikette, Händeküssen und Chapeaus, lassen sich gerne Schönheiten vorsagen und betrachten alle Niedere, als sie sind, als unbedeutende Kreaturen. Die allerniedrigste Klasse von Bürgersweibern und -töchtern sind dumm, bigottisch und mißgünstig auf die Höhern; unter diesen findet man doch noch die gesittetsten, die übrigen alle treten zu weit aus ihrem Stande und verderben dadurch alle guten Sitten, die sie etwa haben könnten. Ein jedes Mädchen, wenn sie nur etwas gut aussieht oder sonst von gutem Herkommen ist, trachtet darnach, einen Edlen oder sonst einen gnädigen Herrn zum Manne zu bekommen; manchmal ist einer so dumm und läßt sich überlisten, aber gemeiniglich, wenn ein Edler bei einem Mädchen aus und ein geht, die unter seinem Stande ist, so hat er gewiß die Absicht dabei, sie zur Hure zu machen, oder will dieses nicht gehn, so bleibt er weg und geht zu einer andern, wo er vielleicht glücklicher ist. Die Mademoiselle wird dabei alt und aus einer verführerischen Kokette eine andächtige Betschwester, versäumt keine Messe, betet zum heiligen Nepomuk und der Heiligen Jungfrau Maria.

Ich war einst in die Gesellschaft einiger Damen und Herren gebeten. Bei meinem Eintritt in das Zimmer fand ich eine Menge Matronen und Mädchen versammelt, die alle in einem Kreis beisammensaßen und Schokolade einschlurften. Ich bekam meinen Platz bei einer ›gnädgen Fräule‹; dieses war mir nicht unangenehm, denn das Mädchen war schön, ich glaubte mich recht gut mit ihr unterhalten zu können. Aber, o Himmel! bei einer jeden Frage, die ich an sie tat, antwortete sie mit Ja oder Nein, und bei jedem Spaß, den ich hervorbrachte, schlug sie mich mit dem Wäterle (Fächer) auf die Finger und sagte: »A'gehn Sie, Sie schwälbeln« und lachte herzlich. Hier ist keine Nahrung für dich, dachte ich und wendete mich zu einem Mädchen, die auf der andern Seite neben mir saß. Sie schien mir ein munteres Geschöpf zu sein, schade, daß ihre Wangen erkünstelt waren; ich fing ein Gespräch mit ihr an, aber sie verstund mich nicht, denn sie sagte mir, ich spräche recht närrisch deutsch, sie glaubte wohl, ich sei aus Dresden; ich sah starr vor mich hin und beklagte mein Schicksal. Es kamen noch mehrere junge Herren, welche den Damen die Handschuh und die ausgetrockneten Hände feurig küßten; nun sahe ich meinen Fehler ein, ich erkundigte mich und hörte, daß dieses hier Mode sei und daß man ohne diese Gewohnheit bei den Damens nicht angenehm wäre. –

Die Stubenmädchen sind ihrer Tracht und Bildung nach die liebenswürdigsten Geschöpfe. Sie sind munter, besitzen Artigkeit, Witz und Naivität. Ich habe noch an keinem Ort solche Schönheiten gefunden als unter ihnen, aber leider ist dieses schuld an ihren Ruin. Die jungen Stutzer flattern um sie herum, bieten Geschenke, versprechen Ehe und dergleichen (welch Mädchen, die nicht Weltkenntnis gelernt hat, würde so was ausschlagen), sie lieben den Staat, nehmen also die Geschenke willig auf, sie setzen kein Mißtrauen in den jungen Herrn, glauben also auch, daß er sie heiraten würde; bei solchen süßen Träumen scheitert endlich ihre Unschuld, und das arme Kind bleibt sitzen.

Das Betragen der meisten Frauen gegen ihr Gesinde ist unglaublich; das geringste Versehen derselben wird mit einer Menge von Scheltworten bestraft, die oft so pöbelhaft sind, daß einem davor ekelt. Man sieht daher alle Vierteljahr neue Dienstboten in solchen Häusern, wo tyrannische Frauen herrschen. Es gibt hier viele Frauen, die durch dergleichen Betragen berüchtigt sind. Ist es daher Wunder, wenn sie schlechte Dienstboten bekommen? Denn welch Mädchen, die nur etwas auf sich hält, wird sich den ganzen Tag schimpfen und schmähen lassen? Wo soll da die Liebe gegen eine

Herrschaft herkommen? Es ist mir nicht möglich, von den Sitten der hiesigen Damen mehr zu schreiben, die für die Menschheit so entehrend sind; ich schweige daher und mache nur noch einige wenige Bemerkungen über die hiesigen

Mannspersonen

Die mehresten unter ihnen putzen und schminken sich, um des Abends auf der neuen Allee, im Schauspiel oder wohl auch in der Kirche Eroberungen zu machen.

Ich habe einen gewissen Herrn von K…sch gesehen, welcher sich allemal auf den Tisch ans Fenster setzte, wenn er sich frisieren ließ. Die Jahreszeit mochte kalt oder warm sein, so machte er doch allezeit die Fenster weit auf, damit alle Menschen sehn sollten, jetzt ließ er sich frisieren. Dergleichen Torheiten findet man mehr. Sie sind übrigens untreu ihren Weibern, haben mehr Zuneigung gegen das artige Stubenmädchen, schleichen auch wohl des Abends dem Buhldirnen nach oder besuchen Bordells und äffen eine jede Mode nach, so gut sie können, obgleich dieses letztere manchmal häßlich ausfällt. So sah ich zum Beispiel viele mit einem neumodischen Kleide, schön frisiert, einen Haarbeutel, den Hut unter den Arm und gelbe Hosen mit roten Stiefelmanschetten; welcher burleske Anzug!

Sie bekümmern sich um Stadtneuigkeiten, erdichten selbst viele und unterhalten das Mädchen oder die Dame, bei der sie Kur machen, damit; sie beurteilen und betadeln die Reformationen des Kaisers, glauben, daß dies und jenes nicht dienlich sei, ob sie gleich gar nichts davon verstehen. In der Komödie rufen sie bei einer jeden mittelmäßigen Aktion des Schauspielers bravo, weil sie vermutlich keine bessere gesehen haben; ja sie lassen oft gedruckte Lobgedichte auf diesen oder jenen Schauspieler oder Schauspielerin herumfliegen, die oft so elend sind, daß sie mancher vor ein Pasquill aufnehmen würde. Ich setze eines von der Art, welches mir ohngefähr in die Hände kam, her; es war auf den Schauspieler Wahr, ein ganz mittelmäßiger Akteur, aber der Liebling des Publikums.

Du Mann mit seltner Kunst geschmückt,
Dank sei dir vor dein Spiel,
Das unsre Herzen so entzückt,
Das uns so wohl gefiel.
Sei stolz darauf, erkenne dich,
Dein Name blüh in Ewigkeit,
Die Nachwelt noch bewundre dich,
Dein Los, das sei Unsterblichkeit.

Was denken meine Leser von solchen unsinnigen Versen? Und was werden sie sagen, wenn ich ihnen versichere, daß diese Verse ein Gelehrter namens Herr von M. verfertigt hat?

Musik, musikalische Akademien

Man kann hier mit wenig Kosten ein schönes Konzert zusammenbringen. Es gibt sehr viele geschickte Musici, besonders in den Orchestern der Prälaturen und Klöster, welche sie zur Kirchenmusik halten.

Ein jeder Graf hat seine Kapelle im Hause, welche aus den besten Leuten besteht. Die erzbischöfliche ist die stärkste. Bei Namenstagen werden den Damens zur Nachtzeit Kassationen vor dem Fenster gebracht, die sich sehr gut ausnehmen. Öffentliche Konzerts hat man gar nicht. Hingegen werden hier oft in Familien musikalische Akademien gehalten. Ich wurde bei einem Edlen dazu eingeladen und beschreibe hier, was ich hörte und sahe.

Die Gesellschaft bestand aus etlichen dreißig Personen männlichen und weiblichen Geschlechts. Gegen acht Uhr fing das Konzert an, es war Naumanns ›Kora‹. Die eine Tochter des gnädigen Herrn, bei dem das Konzert gehalten wurde, sang mit vieler Anmut und Grazie, allein ich konnte nicht viel hören, denn die jungen Gecken, die zugegen waren, trieben mit den Damens so viel Scherz, daß ich mich ärgerte, daß man solche Laffen dazu gebeten hatte. Es dauerte ziemlich lange, ehe das Stück geendigt wurde, denn bei Endigung eines jeden Akts wurde eine große Pause gemacht, die mit Schokolade, Punsch, Bischof und dergleichen ausgefüllt wurde. Nach Endigung des ganzen Stücks speiste man geselchte Ochsenzungeln, Fasane mit Muscheln und noch andere Gerüchte. Nachdem man abgespeist, dankte man vor das genossene Vergnügen und empfahl sich. Der ganze Zweck dieser Gesellschaft mochte wohl nichts anders als die Fresserei sein, nicht aber das Konzert; denn ich hörte einige Tage darauf, daß man noch von den schönen Fasanen sprach, die man an jenem Abend verzehrt hatte.

Hetze

Ich sahe an dem einen Teil der Brücke ein Gemälde, auf welchem verschiedene Tiere kämpften, obenüber stund geschrieben: ›Heute ist die Hetze zu sehen.‹ Ich eilte also zu der bestimmten Zeit an den Ort, wo dieses Schauspiel zu sehen war. Ich erblickte da beim Eintritt ein ziemlich großes Amphitheater, zwei Stock hoch, welches mit Menschen hohen und niedrigen Standes angefüllt war. Eh das Schauspiel anging, hörte ich eine elende Musik, die sie die ›türkische Musik‹ nennen; wie diese vorbei war, so gab der Hetzmeister ein Zeichen mit einem Peitschenknall, worauf die Tiere ausgelassen wurden; es war ein Ochse und zwei Hunde. An der einen Seite des Amphitheaters stand ein Strohmann, der unten mit Blei befestigt war, auf diesen ging der Ochse los und durchbohrte ihn mit seinen Hörnern, die Hunde zerrissen den armen Tiere die Ohren, wobei er schrecklich brüllte; bei diesem schrecklichen Anblick hörte ich, daß die Zuschauer ein allgemeines Freudengeschrei anfingen.

Nachdem dieses vorbei war, wurde dem Ochsen der Strick um die Hörner gezogen und in die Falltüre zurückgeführt. Bald darauf kam ein Wildschwein, ein Auerochs und ein Esel zum Vorschein; letzterer lief umher und schrie, daß mir die Ohren weh taten, das Schwein und der Ochs kämpften eine Zeitlang, und endlich gab ein Kerl dem Schwein den Fang, das arme Tier war froh, seiner Marter los zu sein, und nun war das Schauspiel vorbei. Ich stand neben einen jungen Mädchen, die aus vollem Halse lachte, und wunderte mich sehr darüber, daß sie an den Martern dieser Tiere so viel Vergnügen empfinden konnte; ich bezeigte mein Mißvergnügen darüber, und ihre Antwort war: »Es sind ja nur Tiere, die so zu nichts weiter taugen, warum sollte ich mich nicht daran vergnügen?« Ich zuckte die Achseln, schwieg still und wunderte mich sehr, bei dem sonst so empfindsamen Geschlechte eine mordsüchtige Seele gefunden zu haben.

Redoute, Tanzsäle, Geschlossne Kompagnien

Erste wird bei dem Bassin alle Sonntage gehalten; was hat man da vor Unterhaltung? Antwort: keine. Will man sich an den Masken ergötzen? Selten sieht man eine neue. Will man tanzen, so hat man wegen der entsetzlichen Menge Menschen keinen Platz. Will man sich in ein Gespräch einlassen, so ist es fad und läppisch. Will man spielen, so muß man befürchten, unter falsche Spieler zu kommen, und so hat man Langeweile und muß sich noch vorsehen, daß man nicht erdrückt wird. Wohl zu bemerken, je mehr man gequetscht und auf die Füße getreten wird, desto angenehmer hält man die Redoute, und man wünscht sich allezeit Glück, wenn man mit zerrissenen Kleidern nach Hause kömmt, so einer zahlreichen Versammlung beigewohnt zu haben, man vergißt dabei niemals zu sagen: »Ich war beim Bassin und bin fast erdrückt worden.«

Es gibt hier Tanzsäle, deren einige recht brillant eingerichtet sind. Die vornehmsten sind im ›Bad‹, in der ›Eisernen Tür‹, beim alten ›Ratzenbeck‹ und bei ›Graf‹. Der Saal im erstern ist sehr groß, prächtig ausgemalt, mit vielen Spiegeln und Kronleuchtern versehen, er hat ein gut besetztes Orchester, und an den Seiten sind Nebenzimmer, wo man speisen, spielen und – der Liebe pflegen kann; letzteres, versteht sich, soweit es der Wohlstand erlaubt. Die Art zu tanzen nennt man ›deutsch tanzen‹; englische Tänze und Contretänze tanzt man selten, allenfalls nach ›Steyersch‹ und Menuetts. Das ›deutsch tanzen‹ ist ein Vergnügen, welches so entsetzlich abmattet, daß viele sich den Tod dadurch holen. Er setzt die Leidenschaften in Flammen und erweckt strafbare Begierden, die gemeiniglich an heimlichen Örtern gestillt werden.

Die Frauenzimmer würden um keinen Preis sich dieses Vergnügen entziehen lassen; wehe einem jungen Mann, dessen Frau von diesen Vergnügen eingenommen. Er muß sehen, wie sie sich mit einem jeden Laffen herumtummelt und atemlos in seine Arme sinkt; zu seiner Beruhigung sagt sie ihm, der Mensch tanzt recht zärtlich. Sie kehrt sich übrigens nicht an die Ermahnung ihres Mannes, daß sie sich nicht so erhitzen sollte: ›Lieber sterben als nicht tanzen‹ ist ihre Antwort.

Eine geschlossene Kompagnie heißt: wenn eine Gesellschaft junger Leute, die sich übrigens nicht kennt, auf so einem Tanzsaal zusammenkömmt, sich vor zwei Gulden dick und satt ißt und bis an den hellen Morgen tanzt.

Einladung ins Konvikt.
Radierung von Jan Berka

Theater

Die Prager glauben, ihr neues Theater sei das beste in ganz Deutschland. Es ist wahr, im Äußerlichen macht es seinem Erbauer Ehre, es hat zweiundfunfzig Logen, ein Noble, ein zweites Parterre und eine Galerie; im Grunde ist eine Zugbrücke angebracht, die bei vorfallenden Gelegenheiten aufgemacht werden kann, so daß Pferd und Wagen auf dem Theater erscheinen können. Die Dekorationen sind von Herrn Platzer, einen geschickten Maler; die Gardine ist von Jahn; am Frontispiz steht die Aufschrift ›Patriae et Musis‹. Kurz, es ist schön und kostet Sr. Exzellenz, dem Herrn Grafen von Nostitz, neunundneunzigtausend Gulden. Hören kann man wenig, doch dieses ist ja nur ein geringer Fehler; der Herr Graf Künigl hat den Riß dazu gemacht, aber Seine gräflichen Gnaden mögen ein andermal nur zu Bürgerhäusern Risse verfertigen, aber ja zu keinem Schauspielhaus. Hätte nicht noch ein bürgerlicher Baumeister einige wichtige Veränderungen gemacht, so würde es gar nicht

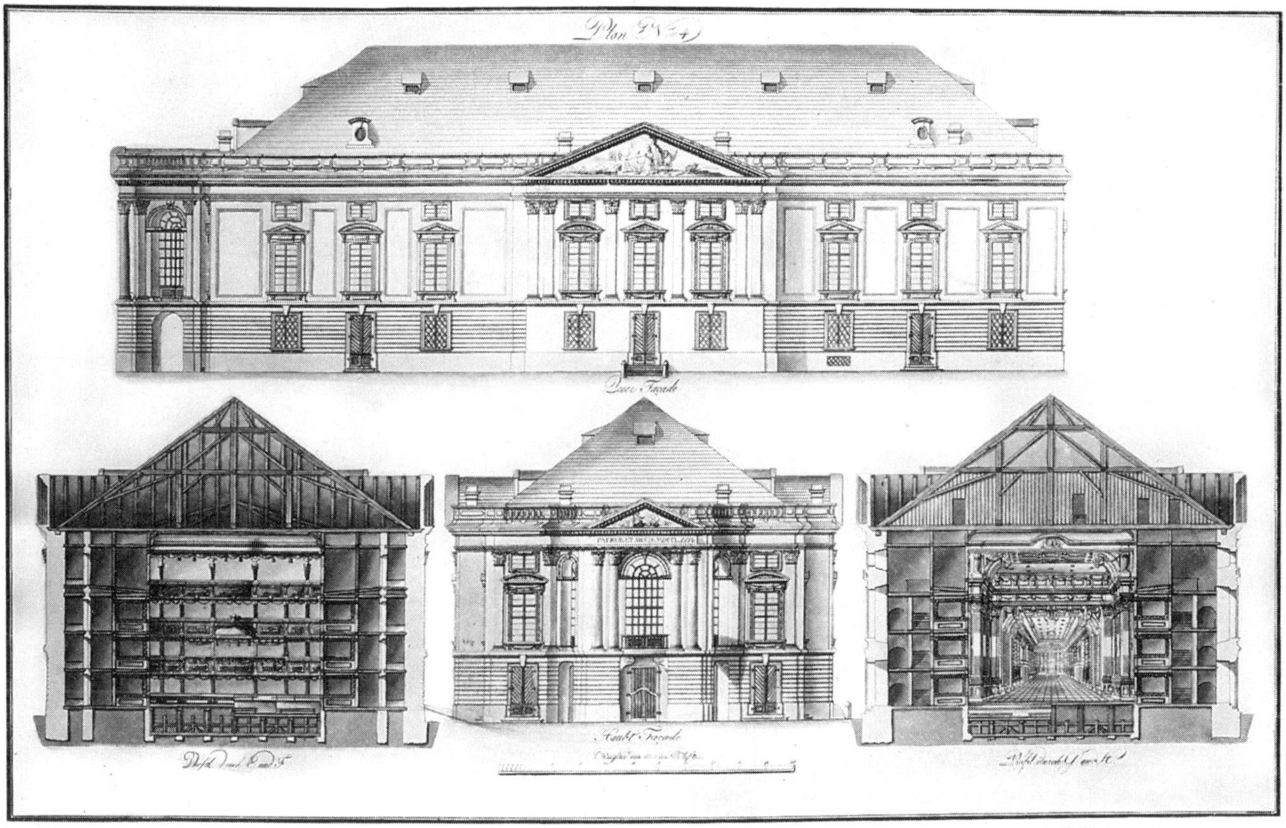

Das Altstädter Nationaltheater.
Radierung von Jan Berka

zu brauchen gewesen sein; man hat die Zeit her immer daran gekünstelt und gebessert, und alle die Künsteleien kosten schon auf zehntausend Gulden, ob es nun besser ist, weiß ich nicht. Soviel ist gewiß, daß sich die Akteurs in einigen Jahren die Schwindsucht an den Hals schreien werden. Jetzt hat es der Graf Nostitz auf Zureden des Kaisers an Bondini überlassen. Die Mitglieder der Nostitzischen Truppe, welche aber nun auseinandergegangen ist, weil Bondini die Direktion bekam, waren folgende:

Mad. Bergopzoomer (Liebhaberin im Singspiel). Sie ist unter dem Namen Schindlerin genug bekannt und hat unter diesem Namen alles verdiente Lob eingeerntet, aber als Mad. Bergopzoomer spielt sie sehr mittelmäßig, man kann ihr nichts verstehen, übrigens macht sie der häßliche Wiener Dialekt unausstehlich.

Mad. Borchers (erste Liebhaberin im Lust-

Folgende Seiten:
Platz vor dem Altstädter Nationaltheater.
Kolorierte Radierung von Jan Jiří Balzer

und Trauerspiel) ist eine gute Schauspielerin, allein ihre Stimme fällt ins Kreischende, sobald sie zu stark empfinden will, ihre Sprache ist übrigens rein.

Mad. Körner (erste Liebhaberin von Bedeutung im Lust- und Trauerspiel). Sie hat die Gabe, sich augenblicklich in die Lage ihrer Rolle zu versetzen; Gang, Miene, Sprache, alles hat sie in ihrer Gewalt. Es ist aber was Unausstehliches, wenn sie junge Mädchens macht. Sie ist eine Figur, die der größte Mensch nicht zu umspannen vermag; wie dieses aussieht, wenn sie ein rasches junges Mädchen vorstellt, mögen meine Leser entscheiden, und doch ist sie der Liebling des Publikums und spielt meist alle Tage.

Mad. Raeder, Soubrette, die ihresgleichen sucht, Feuer, Lebhaftigkeit und natürliches Spiel läßt sie in einer jeden Rolle blicken; schade, daß sie zuwenig memoriert.

Mad. Zappe, Mad. Michaelis und noch einige andere sind unter aller Kritik.

Herr Bergopzoomer (rasche polternde Alte), einer der erbärmlichsten Schauspieler, die ich je sah. Er ist der wahre Don Quichotte auf dem deutschen Theater; Grimsgrams, Verzerrungen, hanswurstmäßige Bocksspringe machen sein ganzes Spiel aus. Ich sahe ihm im ›Richard den Dritten‹. Himmel! was vor Aktion. Grimassen, als wenn er mit glühenden Zangen geknippen würde, falsche Deklamation, mir ekelte, ihm länger zuzusehen. Zerrte er nicht die arme Elisabeth herum, als wenn sie eine Katze wär? Ein jedes Wort ist mit einer Aktion begleitet, die oft ins Lächerliche fällt: sagt er ›hin-un-ter‹, so glaubt man aller Augenblicke, er will sich unter das Theater verstecken. Sein häßlicher Wiener Dialekt macht ihm überdies unausstehlich. Er hat auch verschiedene Theaterstücke geliefert, aber was vor elendes Gewäsch, man lese nur das Stück von ihm ›Aba‹; hat man je tolleres Zeug gesehen, eine Mordtat folgt auf die andere, und ein Unsinn löst den andern ab.

Herr Diestler ist auf Reisen, er spielte den Hamlet, aber wie? Als Kind hat er ihn in Wien auf einem Privattheater gespielt, und da soll er sehr gut ausgefallen sein, aber jetzt will doch Herr Diestler nicht mehr Kind sein.

Herr Wahr, ein sehr mittelmäßiger Akteur, von Geburt ein Grobschmied, der weder lesen noch schreiben konnte, beides hat er wohl erst beim Theater gelernt; sein schnarrender Dialekt ist unausstehlich, seine Aktion ist unnatürlich, und überhaupt sein ganzes Betragen hat mir nie gefallen. Seine Figur ist das beste, aber sein Stolz ist nicht zu vertragen; warum vergöttern ihn aber auch die Prager? Wer wollte darauf nicht stolz sein?

Herr Zuccarini, ein ganz guter Akteur; schade, daß seine Baßstimme ihn unverständlich macht und daß er die letzte Silbe eines jeden Worts verschluckt, er würde sonst unverbesserlich sein. Zum Liebhaber taugt er gar nicht, vor seine Liebeserklärungen möchte wohl ein jedes Mädchen in Ohnmacht fallen, sie sind gemeiniglich mit Donnerworten verknüpft.

Herr Schmidt spielt den ›Zerstreuten‹ sehr gut, er befriedigt das Publikum in jedem Fall. Seine Stimme, ob sie gleich nicht sonderlich ist, weiß er dennoch geltend zu machen, so daß er den Zuhörer damit täuscht. Er spielt eine gute Violine und ist ein großer Kenner in der Naturhistorie.

Herr Spies ist ein guter Dichter, aber ein schlechter Akteur. Wie elend ist nicht sein Waller in Gotters ›Mariane‹, desto besser aber sind seine theatralische Arbeiten. Die besten sind ›Maria Stuart‹, ›Schletsheim‹, ›Die drei Töchter‹ und ›Christina von Schweden‹.

Herr Raeder, ein listiger Bedienter, den er allezeit recht vortrefflich spielt. Schade, daß ihm seine Naturfehler nicht erlauben, seine Kunst vollkommener zu machen; setzt man sich über seine kreischende Sprache hinweg, so wird man in Bedientenrollen keinen bessern Schauspieler finden.

Herr Michaelis, der affektierendste Hasenfuß, den ich je gesehen habe. Sein Gang, seine Mienen, seine Stellungen, seine Aktion, alles ist gezwungen und steif, seine ganze Aktion besteht in einem vielbedeutenden Achselzucken, wobei er immer mit der rechten Hand auf den Schenkel schlägt. Tragische und zärtliche Liebhaber spielt er erbärmlich, weit besser glücken ihm intrigante spützbübische Rollen. –

Prag hat gewiß keine besseren Schauspieler in seinen Mauern gesehen als die Bondinischen. Das kleine Theater auf der Kleinseite im Thunschen Hause vermochte nicht die Zuschauer in sich zu fassen, die Logen waren drei bis vier Tage vorher bestellt, und das große Theater blieb leer.

Meine Leser kennen die sämtlichen Mitglieder dieser Truppe schon aus der Charakteristik von Leipzig, nur eine Anekdote von Bondini und Reinecke, die ihnen beiden Ehre macht, muß ich noch erzählen und dann genug vom Theater.

Wie Prag durch die schrecklichen Verwüstungen des Wassers 1783 so heimgesucht worden war, teilte Herr Bondini die Einnahme von einem Abend unter die Verunglückten aus, er war dabei so uneigennützig, daß er das Orchester, Erleuchtung und andere Ausgaben nicht von der Einnahme abzog, sondern solches aus seinem Beutel zahlte. Ein andermal, da die ganze Einnahme zum Besten der Mitglieder bestimmt war, spielte Reinecke so vortrefflich, daß ihm Graf T…n einen Beutel mit Dukaten zum Präsent machte; wie die Kasse gezählt wurde, zog Reinecke den Beutel heraus, warf das Geld zu den übrigen und sagte: »Ich will nichts zum voraus haben, heute ist alles gemeinschaftlich.«

Der heilige Nepomuk

Unter allen Heiligen ist wohl keiner so übermäßig und so anhaltend von den Pragern verehrt worden als dieser. An allen Ecken, Treppen und Brücken steht sein Bildnis, in allen Kirchen hat er einen Altar. Wodurch der gute Mann dieses mag verdient haben, weiß ich nicht zu sagen. Das Vertrauen des schönen Geschlechts hat er vermutlich dadurch gewonnen, weil er die Beichte der Königin nicht verriet. Allein seine Verehrung ist in einen ärgerlichen Mißbrauch ausgeartet. Vor seiner Statue, die auf der Brücke in Lebensgröße steht, sieht man täglich und stündlich eine Menge Menschen knien und andächtig beten. Einer bittet ihn, die Gunst seines Mädchens zu verschaffen, ein anderer fleht ihn um Reichtum an, und keiner von beiden erhält, was er verlangt. Möchten doch die Leute einsehen, wie töricht und unsinnig es ist, einen Menschen anzubeten, und erwägen, wie sie dadurch das Herz von Gott wegwenden und ihm dadurch das fromme Vertrauen entziehen. Was werden nicht unsre Nachkommen von uns denken, wenn sie hören, daß man dem heiligen Nepomuk überall Altäre errichtete, von oben bis unten mit Lampen erleuchtet, indessen unser Heiland ganz unbemerkt auf einem schlechten Altar steht, als ob er gar nicht hieher gehörte, und was werden sie gar zu unsern Hausandachten zum heiligen Johannes sagen? Ein jeder Hausherr hatte so ein Bild dieses Heiligen auf seiner Treppe, welches an den Namenstage desselben illuminiert wurde. Diese Hausandacht, welche vor einiger Zeit noch stark Mode war, dauerte wohl drei Monate; denn wohl zu merken, die Illuminationen waren nicht an einem Tage, heute war sie in diesem und morgen in einem andern Hause, und so fort. Statt nun, daß dabei sollte gebetet oder gesungen werden (welches freilich wohl von alten Weibern treulich befolgt wurde), so war es ein Rendezvous der Galanterie. Je später die Illumination vor sich ging, desto mehr Unfug wurde getrieben. Man küßte, drückte sich die Hände, verschob die Halstücher der Mädchen, um sich an ihren vollen Busen zu ergötzen, und – pflegte der Liebe; wußte man sich an keinem Ort zu finden, so ging man nur zum heiligen Johannes. Schändlich, schändlich! Bist du wirklich der Mann, heiliger Johannes, vor dem man dich ausschreit? So solltest du diesem Unfug gesteuert haben!

Der heilige Johann von Nepomuk. Radierung von Jan Berka

Doch Gott sei Dank, daß diese öffentlichen schädlichen Andachtsübungen eingestellt sein; allein der gemeine Pöbel unterläßt doch nicht, ihm noch im geheim solche zu bringen, er schreibt ihm alle nützliche Wunderwerke zu; daher sieht man immer Krücken und Lappen an seiner Statue aufgehängt, von elend gewesen Personen, die durch seine Wunderkraft gesund worden sind. Wer den Hut nicht vor seinem Bild abnimmt oder ein Kreuz vor sich macht, ist ein Ketzer in ihren Augen. Nur noch kürzlich hätte gewiß der Pöbel den Ritter von Steinsberg ums Leben gebracht, wenn er nicht durch Hülfe anderer gerettet worden wäre, und was war die Ursache? Er hatte seine Knie nicht beugen, hatte sein Haupt nicht entblößen wollen vor dem großen Nepomuk und mogte wohl in einer Broschüre dem großen Patron etwas zu nahe getreten sein. ›Steinigt ihn‹, rief der Haufe, ›schneidet ihm die Zunge aus dem Halse, er ist ein Ketzer.‹ O Aufklärung, o Aufklärung!

Christnacht

Zu der Zeit, wo man die Anhänger der christlichen Kirche noch verfolgte, so daß sie gezwungen waren, um ihren Feinden zu entgehen, sich im Finstern zu versammeln und ihren Gottesdienst halten mußten, zu der Zeit, sage ich, mußten die Leute freilich die Nacht zu Hülfe nehmen; aber jetzt, da Christen frei und ungestört beten können, wenn und wo sie wollen, ist es nicht nötig, die Nacht dazu zu wählen. Wer einmal der Mette beigewohnt hat, wird wohl nicht leugnen können, was vor Torheiten dabei vorfallen. Eine kleine Schilderung der Christnacht mag hier zum Beweis dienen.

Sobald die Nacht beginnt, geht alles vom gemeinen Stande in die Wein- und Bierschenken, um sich da zur Mette vorzubereiten; man spielt Billard, Weyda, brandelt oder trappoliert. Die Vornehmen sitzen in Privathäusern beisammen, spielen Lotterie, Halbzwölf oder andere Kommerzspiele. Junge Leute spielen um Pfänder, gießen Blei, wo es bei letztern die jungen Herrn so einzurichten wissen, daß ein Kindchen herauskommt; der Wunsch der Mädchen ist dabei allezeit nur im geheim, daß bald eine Heirat und was dazu gehört zustande kommen möchte. Bediente und Mägde spielen Lesseln oder Schuhwerfens; bei letztern sitzt das Frauenzimmer mit dem Rücken gegen die Türe und wirft den Schuh hinter sich; steht die Spitze nach der Türe zu, so bedeutet es, daß sie noch in dem Jahre als Braut ausgehen wird. Wenn dieses vorbei ist, so eilt alles im Tanzen und Springen zur – Kirche; ich glaube, daß die mehresten denken, weil Christus in einem Stall geboren worden wäre, so müßten sie auch das Haus Gottes zum Stall machen. Man ist von dem Wein und Speisen, welche man während des Spiels genossen hat, erhitzt. Die Leidenschaften sind in Empörung, was kann die Folge anders sein, als daß man solche in den Winkeln der Kirche zu stillen sucht. Hier kneipt einer ein Mädchen, er mag sie kennen oder nicht, in die Backen; dort flüstert ein anderer einer Dame Zoten ins Ohr; hier drängt sich einer durch die Menge mit einem schwarzgemachten Bart und erregt ein lautes Gelächter. Fängt die Musik an, so glauben die mehresten, auf den Tanzsälen zu sein, sie drehen sich herum, trällern die Arien, die gesungen werden, laut nach, und es fehlt nun weiter nichts, als daß man die Bänke auf die Seite stellte und ›deutsch‹ tanzte. Die Zeit, die nun noch nach der Kirche übrig ist, vertreibt man sich zu Hause mit Schwelgen. Bei manchem Mädchen läßt die Mette eine übele Erinnerung zurück.

Es ist wahr, die Geburt Jesu ist allemal vor Christen ein erfreuliches Fest, muß man es aber durch solche Torheiten entheiligen? Können wir unsre Freude auf keine andere Art an den Tag geben als durch Fressen, Saufen und Unreinigkeiten? Müssen wir aus diesem heiligen Fest eine Komödie machen?

Krippelspiel

Fast schäme ich mich, eine Beschreibung davon zu machen, und doch ist es eine Sache, die hier alle Jahre vom Advent bis gegen Ostern stark Mode ist. Mit einem Wort, es ist ein Marionettenspiel, wo die ganze Geburt Jesu mit allem Zubehörigen in Form einer Tragikomödie aufgeführt wird. Das Zimmer, wo solches vor sich geht, formiert ein kleines Theater, das Orchester besteht aus einer Geige und Leier, die, wenn sie beide gespielt werden, Zahnweh verursachen.

Wenn der Vorhang aufgezogen wird, erscheint die Puppe, welche die Lichter anzündet, ein Kerl, der unter dem Theater versteckt ist, regiert solche und singt dabei eine Arie, die auf das Lichtanzünden paßt. Der Anfang derselben ist:

Nun ist der Vorhang aufgetan
Und ich muß zünden die Lichtle an,
Damit man möge sehen können,
Drum tut ihr Lichtlein nur hübsch
brennen etc.

Die ganze Komödie wird in Versen hergesagt und gesungen, und das alles von einem Kerl, der die Stimme einer Mannsperson und Frauenzimmers annimmt. Um das Spiel recht natürlich zu machen, so wird der Puppe, die die Mutter Gottes vorstellt, ein dicker Bauch gemacht, wenn sie mit Joseph nach Bethlehem geht. Den Schluß einer solchen Vorstellung macht entweder ein Feuerwerk oder die Zerstörung von Jerusalem mit Kanonen und Flinten, wo die Puppen in kaiserliche Uniform gekleidet sind. Dieses Schauspiel wird häufig besucht, besonders aber werden Kinder dahin geführt; was dieses vor Eindruck auf die Jugend machen muß, mögen meine Leser urteilen. Was muß ein Kind vor einem Begriff von dieser heiligen Handlung bekommen, die mit solchen Unflätereien durchflochten ist? Ist es nicht eine Schande, daß in diesem Jahrhundert noch solcher Unsinn existiert?

Die Fasten

Wenn die schönen Faschingslustbarkeiten am Dienstag vor Aschermittewoche mit einem unsinnigen Kehraus (der bis an hellen Morgen dauert) geschlossen sind, so fängt die traurige Fasten an, traurig vor jung und alt, denn die Masken fliehen die Tanzsäle, und die Instrumente verstummen, das ›Deutschtanzen‹ ist geschlossen.

Christus fastete vierzig Tage und vierzig Nächte, dies konnte er nur als Gott tun, aber nicht als Mensch; wollen wir ihm dieses als Menschen nachahmen, so ist es Unsinn, und doch tun wir es, aber wie? Bei den Aposteln hieß Fasten, kein Mittagsmahl halten, damit sie zum Gebet desto geschickter sein möchten. Bei uns heißt Fasten (vorausgesetzt, daß wir vom Geist der ersten Kirche gewaltig abgewichen sind), ein gut Frühstück einnehmen, sich mittags recht dick zu essen, des Nachmittags Erfrischungen einzunehmen und zu Nacht zu speisen. In der Fasten werden die prächtigsten Traktemente gegeben; wer solchen beigewohnt hat, wird sagen, er habe in der Fasten am besten gespeist und getrunken. Sollten nicht unsere heutigen Reformatoren auch eine Reform mit der Fasten vornehmen, da es nichts Wesentliches der Kirche ist. Religion und Sitten müssen dabei gewinnen, wenn es wieder auf den Fuß der alten Kirche eingerichtet wird. Laßt fasten, wer fasten will.

Bei uns ist das Fasten ein Zwang, den die Kirche den Gläubigen auflegt, eine gezwungene Fasten kann daher, wie ein gezwungenes Gebet, Gott nicht angenehm sein. Eßt Fische, Wasserhühneln, Arsenal-Austern, aber sagt nur nicht, wir fasten; es wird gewiß nicht so töricht sein, als wenn solches in der heiligen Fastenzeit geschieht, die Pfaffen werden darum nicht mager werden.

Anmerkung: Man kann sich vom Fasten durch Erlegung einer Geldsumme beim Erzbischof loskaufen.

Heilige Gräber, Auferstehung, Himmelfahrt

Die Begräbniszeremonie wird in einigen Kirchen mit der größten Feierlichkeit gehalten, man hört eine schöne Trauermusik, die den Leichenzug begleitet, auf der Bahre liegt eine Puppe in Menschengröße, welche den Herrn Christus vorstellt. Vor der Bahre her gehen eine Menge Priester, die alle so traurig aussehen, als ob sie ihren Weg bezahlt bekämen (wie bei andern Leichen). Hintennach folgen zwölf weißgekleidete Frauen, die die heiligen Frauen genennt werden, ihr Gesicht ist mit weißem Flor behangen, und in der Hand hat jede eine brennende Lampe. Ihre Anführerinnen sind die Mutter Gottes, die heilige Veronika und heilige Magdalena.

Diese Prozession, welche von einer Menge Volks begleitet ist, geht in der Kirche herum, auf den Kirchhof vor derselben und alsdann wieder hinein, wo die Bahre an einen prächtig mit Lichtern und andern Kostbarkeiten ausgeschmückten Ort gesetzt wird, welches die ganze Nacht zu sehen ist. Mir ist es wie eine Komödie vorgekommen, denn wirklich glaubte ich, die Bahre auf einem Theater stehen zu sehen, wo das Allerheiligste an einem Apfelbaum angebracht war. Die Kirchen streiten sich recht um den Vorzug; immer findet man die eine schöner als die andere geschmückt.

Bei der Auferstehung wird das Allerheiligste in einer feierlichen Prozession aus dem Grabe geholt, ebenfalls in der Kirche herumgetragen und auf den Altar, der mit unzähligen Lichtern besetzt ist, zur Anbetung gestellt, wobei denn die Glocken gehen und ein Auferstehungslied abgesungen wird und am Ende eine Menge Segen bei der Einsetzung gegeben werden.

Die Himmelfahrt wird vierzig Tage nach Ostern gefeiert. Am Tage der Auferstehung steht Christus wie eine Statue, die Triumphfahne in der Hand, auf einem Altar.

An diesem Tage versammelt sich eine große Menge Volks in der Kirche, nur um die Statue zu sehen, die Kirche ist schön erleuchtet, und man hört eine fröhliche Musik. Wenn das Hochamt vorbei ist, so wird die Statue, welche an einem Seile festgemacht, in die Höhe gezogen und verschwindet durch ein Loch in der Decke der Kirche, wodurch man sonst das Wasser aufzuziehen pflegt.

(Die aus Holz geschnitzte Figur kommt mir ebenso vor wie unsere jetzigen Luftmaschinen, die man auch in verschiedenen Figuren auffliegen läßt.) Wenn dieses vorbei, so wird der Heilige Geist über die Zuschauer ausgegossen. Man läßt eine Taube aus dem Loche fliegen, die mit Goldpapier beklebt ist (welches die feurigen Flammen vorstellen soll), und hinter ihr folgt ein Topf Wasser als die Ausgießung des Heiligen Geistes. Gut, daß man nur dieses alberne Zeug zum Teil abgeschafft hat, obgleich noch vieles übriggeblieben ist, das zu reformieren wäre.

Ohrenbeichte

Viele von den katholischen Pfaffen, welche Beichte sitzen, haben keine Weltkenntnis, sie waren von Kindheit an in den Klöstern, konnten also die Sünden der Welt nicht erfahren; wie wollen sie solche richten, wie wollen sie einen geistlich Kranken kurieren, wenn sie seine Krankheit nur den Namen nach wissen? Hiezu kommt noch, daß viele selbst die nämliche Krankheit haben, die sie einem andern kurieren sollen; ist dieses nun nicht höchst ungeräumt, wenn ein Kranker dem andern helfen will? Daher kommt es denn, daß sie einem jeden nach Gutdünken entweder eine Menge Vaterunser oder Avemarien oder Psalter als Seelenarznei verordnen. Es fügt sich denn oft, daß ein junges Mädchen, die doch gewiß sehr gefährlich krank ist, nur ein paar Avemarien bekommt, hingegen eine alte Matrone wohl einen ganzen Psalter einnehmen muß; den armen hungrigen Bauer verordnen sie wohl gar einen Fasttag. Wie viele junge Leute werden nicht im Beichtstuhl mit Sünden bekannt, von denen sie vorher gar nichts wußten und die sie nun erst begehen. Wie viele Pfaffen suchen nicht die Privatgeheimnisse ihren Beichtkindern abzulokken und vergessen ihrer zeitlichen Vorteile wegen die Heilung ihrer Seelen. Der Endzweck der Ohrenbeichte ist die Verbesserung unseres moralischen Zustandes, in dieser Rücksicht nennt man die Geistlichen Seelsorger. Diese sollten nun freilich das menschliche Herz kennen, sollten einen Sünder nicht gradezu verdammen, sondern bedenken, daß der Mensch ohne Leidenschaft nicht Mensch sei, also solche nicht auszurotten suchen; sie sollten ferner bei den Beichtenden nicht auf Stand und Vermögen sehen, sondern einen wie den andern betrachten und bedenken, daß wir alle arme Sünder sind, aber leider geschieht dieses nicht; ich kann den Endzweck der Ohrenbeichte auf so eine Art nicht einsehen, sondern halte sie vor einen Mißbrauch.

Wallfahrten

Welcher Mensch sollte sich wohl einfallen lassen, wenn er eine Menge Volks durch die Straßen ziehen sieht, die einen abscheulichen Lärm verursachen und aussehen, als ob sie Räuber wären, daß solche an einen gewissen Ort gehen und Gott ein Opfer der Andacht bringen wollen; sollte er wohl glauben, wenn er einen Wagen, mit vier Pferden bespannt (der mit Schinken, Kapaunen, verschiedenen Flaschenfuttern und

Altstädter Ring.
Kolorierte Radierung von Jan Jiří Balzer

dergleichen angefüllt ist), erblicket, daß die Reise nach Marienzell gehen soll, wo der fahrende Sünder Buße tun und andern durch seine Andacht und Frömmigkeit ein gut Beispiel geben will. In einem jeden Wirtshaus, wo solch eine heilige Karawane einkommt, wird gefressen, gesoffen, gebetet, gesungen, gezankt und geprügelt; der Wirt muß alle seine Leute aufbieten, Achtung zu geben, daß ihm von den heiligen büßenden Sündern nichts gestohlen werde. Kommen sie in ein Nachtquartier, so liegen Manns- und Weibspersonen auf- und nebeneinander auf der Streu wie das liebe Vieh. An den Gnadenort selbst drängen sie sich in die Kirche, bahnen sich mit Schimpfen, Schreien und Fluchen einen Weg zum Beichtstuhl, laden die Last ihrer Sünden ab und treten nach einigen Tagen mit leeren Beuteln,

Folgende Seiten:
Saal im Baumgarten.
Radierung mit Aquatinta von Antonín Pucherna

wenn sie Leib und Seele genug gestärkt haben, ihre Rückreise an, die ebenso erbaulich wie die Herreise ist. Diese Wallfahrten sind zwar jetzt nicht so häufig wie sonst, allein eine gewisse Klasse von Menschen haben ein Gelübde getan, dergleichen heilige Örter zu besuchen, wenn auch gleich durch Versäumnis der Zeit, wo sie etwas verdienen könnten, oder durch Verschwendung des Geldes ihre Familie zu Hause verhungern sollte.

Das Schminken

Möchten doch unsere Damen den Ursprung dieser Gewohnheit wissen, so würden sie augenblicklich ihre blassen Wangen von der häßlichen Schmiererei reinigen. Wie hat doch eine niedrige Hure in ganz Europa so eine Mode aufbringen können?

Schminke und Laster sind wie Bruder und Schwester verwandt, man bestreicht sich erstlich, um den Unterschied der Wangenröte nicht zu bemerken, bald wird es zur Gewohnheit, um die gelbe Farbe zu bedecken.

Das Laster ist das: nämlich man überläßt sich erstlich den Ausschweifungen zur Befriedigung der Neugierde, bei wiederholten Versuchen wird es endlich zur Notwendigkeit. Wie wär es mir möglich, ein Mädchen zu küssen und ihr dadurch die schöne Farbe abzulecken, ich würde bei jedem Kuß ausspucken und die Farbe vom Munde wischen. Unsere Stutzer denken hier ganz anders, sie lecken lieber die rote Farbe von den Wangen der Mädchen und ekeln sich vor die echte Farbe der Unschuld. Der Geschmack ist verschieden. Doch ein Weib ist ein Weib, die Eitelkeit ist ihr von Natur angeboren, sie will gerne schön sein, also schminkt sie sich. Aber daß Männer sich so tief herabwürdigen, den Wert ihres Geschlechts verkennen und sich der Eitelkeit als einer der größten Koketten ergeben, dies ist unerhört.

Ist es nicht eine Schande, junge Leute in Ämtern, wozu Männer erfordert werden, mit bemalten Larven zu erblicken? Vermindern solche Leute nicht vielmehr die Achtung gegen die Stelle, die sie bedienen?

Buhlerinnen

Will man die Ehre haben, mit ihnen bekannt zu werden, so gehe man nur des Abends auf die neue Allee oder auf die Neustadt, wo in jeder Straße einige Hurenhäuser sind, oder auch in die Komödie, am besten aber in die Kirche. Erstere sind nichts mehr und nichts weniger als die verworfensten Geschöpfe auf Gottes Erdboden, denn nicht genug, daß sie diejenigen, die mit ihnen zu tun haben, mit Krankheiten und Ungeziefer anstecken, sondern sie suchen ihnen auch ihre Schnupftücher, Geldbörsen, Uhren und dergleichen zu entwenden.

Die zweite, die sich in den Bordells aufhalten, sind öfters sehr ansehnlich von außen, aber ihr Betragen ist desto abscheulicher. Kommt einer zu ihnen, so muß er entweder Kaffee oder Rosoli trinken, wobei sie tapfer mithelfen; bei einem jeden Glas, das sie oder der Chapeau trinkt, machen sie einen Strich auf den Tisch, und in Zeit von einer halben Stunde haben sie wohl deren dreißig gemacht, und drei bis vier Gulden beträgt die Rechnung. Dieses Geld bekommt die ›Madame‹. Nun geht es in eine Nebenkammer, wo das Mädchen schläft. Hier zieht sie sich aus und erwartet das Opfer, das ihr gebracht werden soll; doch erst muß ein blanker Gulden auf den Tisch gelegt werden, denn eher lassen sie sich nicht anrühren. Da in so einem Haus nur ein Mädchen ist, so kann man denken, was dadurch vor Krankheiten entstehen, weil sie in einem Abend den Beischlaf so oft exerzieren müssen.

Die letztern sind nun schon ganz vornehm und wohnen in einer Stube allein, es gibt darunter sehr schöne Stubenmädchen, vor die es oft schade ist, daß sie so einen Lebenswandel führen; man hat mir gesagt, daß es einige darunter gäbe, die, wenn eine Mannsperson das erste Mal zu ihnen kommt, sehr sittsam sein und solche mit Wein und Konfekt traktieren und durch öftern Umgang gewisse Freiheiten gestatten sollen; auch sollen sie Geschenke nur durch vieles Bitten annehmen. Ist dieses wahr, so besitzen sie eine sehr feine Art, junge Leute an sich zu ziehen.

Tiergarten

So angenehm auch der Ort ist, so kann man doch wenig oder nichts da haben. Ich habe mich gewundert, daß die Leute noch nicht darauf verfallen sind, sich Bier, Wein und dergleichen anzuschaffen, gewiß würden sie viel Geld verdienen; man geht daher lieber auf die ›Kaisermühle‹ und besucht alsdann den Tiergarten, der nicht weit davon ist. Ich war an einem schönen Morgen in Gesellschaft eines guten Freundes dahin gegangen, mit vieler Mühe pochten wir endlich eine Frau heraus, die wir um Kaffee baten; nachdem sie viele Umstände gemacht hatte, so brachte sie endlich den Kaffee mit Schmetten; dieser war aber so elend, daß man ihn nicht trinken konnte, er war aber auch wohlfeil. Ich kann es daher den Pragern gar nicht verdenken, wenn sie den sonst schönen Ort nicht besuchen; sollen sie erst alles mitnehmen und noch dazu früh aufstehen (denn früh ist er am angenehmsten, weil er etwas weit von der Stadt liegt und zu der Zeit die Sonne nicht zu sehr brennt), so bleiben sie lieber bis zehn Uhr im Bette liegen und lassen den Tiergarten mit seinen schönen Alleen, anmutigem Gesange der Vögel, erquickenden Gerüchen der Baumblüten und Kräuter und das Rauschen des vorbeifließenden Wassers ruhig liegen. Sie befriedigen sich nur damit, daß sie zum Fenster heraussehen und sagen: »Heute wird ein schöner Tag werden, schade, daß wir nicht in den Tiergarten gegangen sind.«

Zensur, Pressfreiheit

Um den Ausländern, die sich von der hiesigen Zensur solche große Begriffe machen, zu zeigen, wie elend sie beschaffen ist, so will ich solche in ihrem wahren Lichte darstellen.

Wenn ein Buchhändler vom Auslande neue Bücher bekommt, so müssen sie erst im

Mautamte frei gemacht werden, und hierzu braucht man ein paar Stunden Zeit, weil man wohl sechsmal auf und ab laufen muß, ehe man alle die Gelder und Abgaben entrichtet, die dazu erfordert werden; denn die Herren arbeiten nach Belieben. Ist dieses geschehen, so werden sie in Beisein der Visitatores ausgepackt und nach der Zensur in großen Körben getragen. Hier muß sie der Buchhändler alle nach dem Titel doppelt aufschreiben, das eine Konzept behält er vor sich, und das andere bleibt in der Zensur; wenn es viele Bücher sind, so vergeht hier wohl vier Wochen Zeit, denn früh darf er nicht eher kommen bis halb zehne, und halb zwölfe muß er wieder gehen, so auch nachmittags um zwei bis vier Uhr; diese Zeit halten sie auf den Punkt, die vielen Feiertage gar nicht zu rechnen.

Wenn dieses vorbei ist, so werden sie zum Zensorieren an die Professores verteilt, diese verfahren auch damit nach ihrer Kommodität, besudeln sie, machen sie defekt oder behalten solche wohl gar; da vergeht nun gewiß ein halb Jahr, ehe der Buchhändler seine Bücher bekommt. Der Zensor hat hierbei die Gewalt, nach seinem Gutdünken ein Buch zu erlauben und zu konfiszieren. Erstere muß der Buchhändler in der Zensur abholen lassen, letztere aber bleiben darinnen und werden in Schränke verschlossen, wozu er den Schlüssel hat, leider aber auch der Herr Revisor und die Expediteurs.

Bücher, die nicht öffentlich verkauft werden dürfen, kann man gegen einen Zettel, welcher von einem Professor oder von einem Adeligen unterschrieben ist, erhalten, dieser wird erst nach der Zensur geschickt, von da kommt er zum Oberinspektor der Zensur, Herrn Baron von Kotz; findet dieser Mann es vor gut, die Bücher verabfolgen zu lassen, so bekommt sie der Buchhändler, ob sie übrigens derjenige erhält, von dem der Zettel unterschrieben ist, darum bekümmern sie sich nicht. Es geschieht daher oft, daß der Buchhändler falsche Zettel macht, um nur seine Bücher verkaufen zu können.

Diejenigen Bücher, die der Buchhändler bekommt, werden auf dem Konzept ausgestrichen und in ein apart Buch eingeschrieben, wo er allemal unterschreiben muß, daß er sie richtig bekommen hat; auch hier geschehen Betrügereien von den Expediteurs. Wollen sie ein Buch selbst gerne behalten, so schreiben sie es unter oder über den Namen des Buchhändlers, sagt er nun, er habe es nicht bekommen, so beweisen sie es mit ihrem Buche, wo er selbst unterschrieben hat; was will er tun, wenn es da steht und sie selbst die Betrüger sind?

Einige wenige Bücher werden gar nicht erlaubt, und diese bleiben in dem Schrank liegen, es steht alsdann beim Buchhändler, ob er sie remittieren will, und dieses ist auch mit unendlichen Beschwerden verknüpft; in der Zensur müssen sie gepackt, alsdann in das Mautamt gebracht werden, wo man einen Schein darüber bekommt, dieser Schein wird in die Zensur gegeben und aufbewahrt. Kommt das Paket auf die Post, so muß solche ein ähnliches Attestat geben.

Vorhergehende Seiten:
Oberer Kleinseitner Ring.
Kolorierte Radierung von Jan Jiří Balzer

Eingang in den Baumgarten.
Radierung mit Aquatinta von Antonín Pucherna

Trifft es sich (und dieses geschieht sehr oft), daß zwei oder drei Buchhändler zugleich Bücher erhalten, so werden sie auch zugleich an die Zensores geschickt, diese mengen sie durcheinander; kommen sie nun in die Zensur zurück, so wissen sie da nicht, welches Buch diesem oder jenem Buchhändler gehört. Kommt nun dem Buchhändler ein Buch auf diese oder jene Art weg, und er beschwert sich, so heißt es, es steht in unsern Protokoll; er kann also nicht klagen, weil er weiter keine Beweise hat, als daß er das Buch nicht erhielt. Weil die Buchhändler selten zusammen harmonieren, so behalten sie die Bücher, wenn sie gleich wissen, daß sie nicht ihre sind, und leugnen es ab; dieses geschieht besonders bei solchen, wo zwei oder drei Buchhändler ein und dasselbe Buch bekommen.

Das Zensuramt besteht aus vier Personen: den Oberrevisor, zwei Expediteurs und einen Zensurboten. Diese Leute sind alle so unwissend, unerfahren und grob, daß ich es nicht beschreiben kann. Anstatt daß der Oberrevisor, Herr von Meyer, allezeit bei Durchsicht der Bücher zugegen sein sollte, so sitzt er auf seinem Zimmer, macht sichs kommode oder geht spazieren; die Expediteurs machen da nun, was sie wollen; anstatt daß sie Bücher, die schon bekannt und erlaubt sind, auch kennen sollten, so schlagen sie erst in allen ihren Katalogis und Konzepten nach und verderben dadurch die Zeit.

Mit den Manuskripten, die ein Buchhändler oder sonst ein anderer drucken lassen will, geht es ebenso, diese kommen erst in die Zensur, dann zum Baron Kotz, werden öfters wohl gar nach Wien an die Oberzensur gesandt, und am Ende soll doch derjenige davorstehen, der sie hat drucken lassen, wenn etwas Anstößiges darinnen vorkommt. So eine Geschichte, die der löblichen Zensur so wenig Ehre macht, passierte vor einiger Zeit mit einem böhmischen Buche unter dem Titel ›Wjra samospasytedlná katolika Dar Boz'j a Swetlopp‹. Dieses Buch sollte der Buchhändler, Herr von Schönfeld, von einem katholischen Geistlichen in Verlag nehmen, er tat es, gab es in die Zensur, und es wurde erlaubt zu drucken; weil aber zu der Zeit seine Pressen stark besetzt waren, so blieb es wohl ein Jahr liegen, ehe es zum Druck kam. Da es nun fertig war, und er wohl auf achthundert Pränumeranten darauf hatte, so wurde es ausgegeben. Der Bibliothekar U…r, ein guter Freund von Schönfeld, fand darinnen eine Stelle, die ihm anstößig schien (und sie war es auch), gab es dahero bei der Zensur an und versicherte, dieses Buch müßte Herr von S. ohne Zensur gedruckt haben. Es war die Überschrift von einem Kapitel: ›Die Lutheraner gleichen den Affen.‹ Augenblicklich kam eine Kommission vom Zensuramt, versiegelte alle vorrätigen Exemplaria und kündigte ihm an, das Buch sei konfisziert und er (Herr von Schönfeld) der größten Strafe gewärtig. Die Strafe bestund in zweihundert Gulden und Kassation des Buchs. Man beurteile nun das unbesonnene Verfahren. Der Mann war so unschuldig wie die Sonne, hatte das Buch nicht gelesen, hatte die Zensur darauf und sollte doch zweihundert Gulden Strafe geben, der Druck- und Papierkosten und der zurückgebenden Pränumerationsgelder nicht zu gedenken. Er bezeigte, er sei unschuldig und das Manuskript sei zensoriert. Die Sache ging nach Wien, aber, kurz, seine Strafe blieb. Endlich nach Verlauf eines halben Jahres, da schon niemand mehr an das Buch dachte, kam der Befehl, das Kapitel mit der anstößigen Überschrift sollte ausgeschnitten und umgedruckt werden. Der Schaden, den der Mann dabei hatte, läßt sich leicht einsehen.

Ein andermal wollte er ›Das abgekürzte Wort des Herrn‹ drucken, von einem gewissen Auditeur Siegel in Cheudien. Die Zensur erlaubte das Buch nicht zu drucken, allein wenn es im Auslande gedruckt werden könnte, so dürfte es wohl hernach erlaubt werden. Er mußte also das Buch in Halle drucken lassen und das Geld, was er selbst hätte verdienen können, einem andern geben, und wirklich wurde es hernach erlaubt. Dergleichen dumme Streiche einer löblichen Zensur könnte ich noch mehr erzählen, wenn es der Raum dieser Blätter erlauben wollte.

Solche Vorfälle erschweren den Buchhandel ungemein. Die viele Arbeit, Zeitverderb und der Verlust vieler Bücher wäre noch das wenigste, wenn nicht auch noch der Verlust des Absatzes dazukäme. Wer die Bücherliebhaberwelt nur ein wenig kennt, wird wissen, wie begierig jeder nach neuen Büchern ist; wenn es nun (wie ich schon oben erzählt habe) mit Zensorierung der Bücher so langsam hergeht, so verliert der Bücherliebhaber die Geduld und verschreibt sich solche von fremden Orten.

Solange nur irgendein Schlupfwinkel zur heimlichen Einführung verbotener Bücher offen ist (und wie können solche verstopft werden?), wenn die besten Werke inländischer Gelehrten, und mit diesen der Gewinn und der Unterhalt vieler Menschen, den Ausländern in die Hände kommen, wenn durch das Verbot ein Buch nur noch mehr bekannt und gesucht wird (denn obgleich nur wenige die heimlichen Wege, solcher habhaft zu werden, kennen, so wird es doch auch durch die wenigen ausgebreitet). Wenn es also gerade die entgegengesetzte Wirkung statt des vorgesetzten Zwecks – die größere Verbreitung derselben – hervorbringt, wenn die Zensur noch überdies dem Staate durch die Unterhaltung so vieler unnützen unwissenden Leute ebenso lästig, als sie seinem wahren Vorteil, durch Hemmung des inländischen und Beförderung des ausländischen Handels, nachteilig wird, wenn endlich jede Zensuranstalt nach der jetzigen Beschaffenheit dem Staate unnütz und nachteilig ist, warum sollte man nicht auf die Abschaffung oder doch wenigstens auf eine Einschränkung derselben nach dem Muster anderer Staaten denken?

Mir dünkt, diese Abänderung müsse hauptsächlich darinnen bestehen, daß man alles, was Bücherzensur und Revision heißt, gänzlich abschaffen, daß man durch Erlaubnis aller und jeden Bücher – sobald sie nicht wider Religion, Staat und gute Sitten abzielten – die Vorurteile des gemeinen Mannes zu vermindern, nützliche Wahrheiten und Lehren zu verbreiten und das Publikum durch faßliche und gute Abhandlungen zu diesen und jenen heilsamen Veränderungen vorzubereiten suchen müsse. Wäre auf diese Art der Buchhändler und Buchdrucker selbst zu seinen eigenen Zensor gemacht, so würde bei unausbleiblicher harter Strafe des Übertreters der Gesetze die Befolgung derselben gewiß beobachtet werden.

Ich glaube, daß alles, was ich jetzt gesagt habe, die schlechte Zensuranstalt und die Hindernisse in Absicht auf den Buchhandel beweist; diejenigen, die sich also vorher bessere Begriffe davon machten, werden mit mir wünschen, daß darinnen auch eine Reformation geschehen möchte.

Schriftsteller

Kaum war das Gebot der Preßfreiheit ergangen, so fing alles an zu schreiben, was Finger hatte. Mit jeder Zeitung wurden zwanzig bis dreißig Broschüren bekanntgemacht, ja einige erhielten sogar eine zweite und dritte Auflage. Keinen Stand, keine Hantierung ließen die Herren unangetastet, auch die Stubenmädchen und Huren blieben nicht ausgeschlossen. Die Zensoren waren von früh bis in die Nacht beschäftigt, und doch behandelten sie diese Geburten nicht so, wie sie gesollt hätten. Ob nun gleichwohl unter zwanzig Broschüren kaum eine lesenswert war, so erhielten sie doch alle Beifall und erregten Aufsehen.

Wenn sich die Herren selbst unterstützten und einen freundschaftlichen Umgang unter sich pflegten, so würden sie vielleicht mehr Gutes zur Welt bringen, als bisher geschehen ist, und die Ehre der Nation würde dabei mehr gewinnen. Der eine ist zu vornehm, der andere zu stolz, der dritte zu neidisch, der Egoismus herrscht allgemein, und die Kultur der Wissenschaften wird vernachlässigt. Ein jeder hält sich für groß und verachtet die Schriften des andern.

So stolz sie gegen sich selbst sind, so demütig sind sie gegen auswärtige Journalisten und Rezensenten, und dies bloß dieserwegen, um sich mit dem bißchen Lob derselben brüsten zu können. Vor einem Autor fürchtet man sich und verachtet ihn, weil er leicht von einer Gesellschaft etwas schreiben könnte. Je unsinniger und elend eine Broschüre ist, desto mehr wird sie gelesen. Die mehresten Broschüren sind aus andern Werken, die nicht zu bekannt oder zu teuer sind, ausgeschrieben. Eine große Geschicklichkeit darinnen besitzt ein gewisser Herr Wolf aus Wittenberg, den das Schicksal nach Prag führte, wo er vor die Schönfeldsche Handlung alles mögliche zusammenschmierte, er mag Kenntnisse oder keine davon haben. Produkte solcher Art sind ›Das verunglückte Messina‹, ›Der Prager Briefsteller‹, ›Beweis, daß es besser sei, wenn ein altes Mütterchen einen jungen Menschen, als wenn ein alter Mann ein junges Mädchen heirate‹, einige Abhandlungen über Religion und Priester und viel andere mehr. Er besitzt dabei eine große Forsche in der Dichtkunst, denn in allen seinen Schriften wird man einige Verse, von ihm selbst gemacht, finden.

Ein anderer großer Autor, nicht minder an Gelehrsamkeit als ersterer, ist der Herr Bücherrevisor von Meyer; man lese seine Komödie ›Julchen, oder Väter, seht nach euren Kindern‹, so wird man ihn schätzen müssen. Wie man noch solche elende Schmiererei kann drucken, sehe ich nicht ein; vermutlich geschahe es in Rücksicht seines Amtes. Er schmeichelte sich, daß das Stück sollte aufgeführt werden, teilte daher selbst die Rollen aus, aber die Schauspieler waren so klug und taten es nicht.

Noch einen Autor muß ich erwähnen, der gewiß viel Kenntnisse besitzt, wenn er nur nicht zu viel Eigenliebe hätte; ich meine den Mag. Dobrovsky, Hofmeister bei dem jungen Grafen von Nostitz. Seine Abhandlung über Johannes von Nepomuk beweist vielen Scharfsinn und macht ihm Ehre.

Auch gehört hieher der Prager Oberpostamtszeitungsschreiber Mag. Dornick, stark am Körper, aber schwach am Geiste. Mit vielbedeutender Miene setzt er sich nieder und schmiert aus zwanzig Zeitungen die einundzwanzigste zusammen. Seine witzigen Einfälle sollen eine Nachahmung der Erlanger Kollegen sein, verunglücken aber sehr oft; ist jener arm an Witz, so ist es dieser auch, und in dergleichen Drangsalen erdichtet er geschwind eine Geschichte, die Blätter auszufüllen, wenn er keine Gubernialverordnung einzurücken hat. Dabei ist er auch Dichter, er besitzt eine große Geschicklich-

Des Lesers Jause.
Radierung von Jan Jiří Balzer

keit in Namenstagswünschen und Impromptus; letztere weiß er gut anzuwenden, wenn fremde Herrschaften die Schönfeldsche Druckerei besuchen. Übrigens ist er ein Mann von unbescholtenem Charakter und Liebling des Schönfeldschen Hauses.

Buchhändler

Durch ihre große Anzahl in den kaiserlichen Landen wird die Zahl der elenden, schädlichen und unnützen Bücher bis ins unendliche vermehrt. Ein jeder muß auf ein neues Verlagsbuch denken (wenn es nur bei einem bliebe, wäre es noch gut), da aber solche nun nicht häufig zu finden sind und noch dazu die besten Werke im Auslande gedruckt werden, so müssen sie sich freilich an den Nachdruck und an schlechtes Zeug halten. Freilich lebt davon auch der Buchdrucker und Papiermacher, auch verdient der Buchhändler etwas dabei, wenn solch Zeug Abgang findet. Wie steht's aber um die Aufklärung der Nation und um die Aufnahme der Wissenschaften? Wieviel leidet endlich nicht der literarische Ruhm, und wie sehr wird nicht das ungünstige Vorurteil der Ausländer gegen sie befestigt? Ein Punkt, der nicht so unbedeutend ist, als er dem Politiker vielleicht scheinen mag. Ein in Berlin oder Leipzig gedrucktes Buch hat bei dem auswärtigen Buchhändler das Vorurteil der Güte vor sich, da hingegen ein Buch, in Wien oder Prag gedruckt, wenn es auch wirklich gut ist, das entgegengesetze Vorurteil bei Buchhändlern und Käufern hervorbringt. Durch die Vermehrung der Buchhändler wird der Gewinn bei diesem Handel zu sehr verteilt, es kann daher keiner auf große und nützliche Werke sehen, sonst würden seine Unternehmungen sehr langsam belohnt werden. Kommt nun noch hinzu, daß fremde Buchhändler auf den Jahrmärkten an dem Bücherabsatz Anteil nehmen, so wird der Handel der Einheimischen noch mehr geschwächt, und der Staat leidet dabei am meisten. Endlich ist es höchst töricht, daß man aus übelverstandenen Grundsätzen den Büchernachdruck duldet und begünstigt, auch sogar fremden Nachdruckern die Erlaubnis gibt, auf den Jahrmärkten ihre Bücher zu verkaufen, und dadurch das Geld, was im Lande bleiben könnte, außer Landes schleppen läßt, wie vor etlichen Jahren der Nachdrucker Schmieder aus Karlsruhe in Prag getan hat. Hieraus erhellet nun deutlich, daß die Vermehrung der Buchhändler dem Staate mehr schädlich als nützlich ist, es wäre daher zu wünschen, daß die Regierung hierinnen eine Einschränkung machte.

Doch ich entferne mich zu weit von meinem Endzweck, ich kehre daher besonders auf die hiesigen Buchhandlungen zurück. Die beiden vornehmsten darunter sind die von Schönfeldsche und Gerlische. Erstere besitzt dabei noch eine Druckerei von neun Pressen, die beständig mit Gubernialsachen, Broschüren und eigenem Verlage besetzt sind. Der beste Handel ist mit Broschüren; kommt in Wien oder an einem andern Ort eine wichtige Piece heraus, so wird sie gleich nachgedruckt und vor die Originalausgabe verkauft; es werden Avertissements gedruckt, welche durch die Lotterieboten in den Kreisen herumgeschickt und in der Stadt durch die Klapperpost verteilt werden. Dies hat seine erwünschte Wirkung, denn das Zeug geht ab wie warme Semmeln. Bei den Avertissements, welche der schon erwähnte Herr Zeitungssschreiber verfertigt, wird nicht unterlassen, die Güte und den Inhalt der Broschüre bestens anzuzeigen; da übrigens der Preis derselben sich selten über einen Siebenzehner erstreckt, so werden sie gekauft, gelesen und kommen zuletzt an die Käseweiber.

Alle Broschüren kann man in dieser Handlung haben, selten aber ein gutes nützliches Buch; fragt man nach einem, so ist die Antwort: »Es ist unterwegens«, oder »in der Zensur«.

Da Herr von Schönfeld ein neuer Buchhändler ist, der sich erst vor ein paar Jahren damit abgegeben hat, so ist auch nicht zu vermuten, daß er viel Sortiment besitzt, sein Laden ist daher meist mit Makulatur ausgefüllt, welches gut eingepackt dasteht und mit rot und weißen Zetteln (auf welchen die besten deutschen Schriften gedruckt sind) paradiert. Ein jeder, der nun den Pfiff nicht weiß, glaubt ganz gewiß, dasjenige im Paket zu finden, was auf dem Zettel steht; weit gefehlt, öffnet nur das Paket, so werdet ihr finden entweder eine alte Broschüre, die Makulatur wurde, oder den nachgedruckten ›Kinderfreund‹ und dergleichen. Der Laden ist überdies, um noch den leeren Raum auszufüllen, mit Kaisersporträten und andern Gemälden geziert. Die Decke ist gemalt, eine große gläserne Lampe hängt in der Mitte, eine Scheinlampe an der Seite, und auf der Auslage stehen einige Lichter, damit alles recht glänzend ist. Wie ich zuerst bei diesem Laden des Abends vorbeiging, so glaubte ich, hier wohne ein Nürnberger Bilderhändler. Alle seine Leute, die im Laden sind, müssen sich mit etwas beschäftigen, wenn sie auch nur Papier abzählen sollten, damit die Vorbeigehenden die vielen Geschäfte, die der Mann macht, sehen können. Die Kasse muß alle Abend im Laden gezählt werden, wobei recht mit den Kreuzern geklappert wird, damit man auch die Einkünfte des Mannes weiß und sich nicht über seinen unmäßigen Staat aufzuhalten nötig hat.

Außer dem Buchhandel und Buchdrukkerei hat er noch eine Buchbinderei, Kupferdruckerei und einen sächsischen Porzellanhandel.

Die Gerlische Handlung ist nahe am Rande des Abgrundes gewesen, doch scheint sie sich nun wieder zu verbessern. Herr Gerle hat sich viel durch seinen französischen Bücherhandel geschadet, hat den deutschen vernachlässigt und nichts dabei verdient. Alle übrige sich hier befindliche Buchhandlungen sind unbeträchtlich und verdienen nicht, erwähnt zu werden.

Andacht

Bigotterie und Gleisnerei ist hier ebenso wie in Wien Mode, und die Pfaffen suchen solche noch mehr zu unterhalten und fortzupflanzen. Jeden Tag eine Messe hören, die Hände emporheben, die Augen verdrehen, den Rosenkranz in die Höhe halten und Avemariens murmeln ist das Wesentliche der Andacht. Alle Kirchenandachten und Segen werden besucht, alle Monate gebeichtet und alle

Fastenpredigten angehört. In der Kirche sieht man sich nach den hübschen Mädchen und Weibern um und begleitet sie nach Hause; und diejenigen, die dergleichen Andachten am häufigsten besuchen, rechnet man unter die gefälligsten.

Weiber und Mädchen haben kleine Gebetbüchel in den Händen, worinnen die unsinnigsten und abgeschmacktesten Gebete an die Heiligen stehen, ein jedes Gebet ist mit einem gemalten oder ausgeschnittenen Bildchen der Mutter Gottes oder des heiligen Johannes gezeichnet.

Bei den mehresten ist daher die Andacht eine Heuchelei. Diese geschieht nun teils öffentlich, teils in geheim. Fasten, öffentlich Almosen austeilen, Psalmen mit knallenden Seufzern herbeten, über die verdorbenen Sitten eifern, ein jedes unschuldiges Vergnügen zur Sünde machen, auf alle Neuerungen schimpfen, alles dieses gehört unter die öffentliche Heuchelei. Letztere ist weit gefährlicher. Wer will sich vor einem zweizüngigen Bösewicht hüten, wer kann unter einem ernsten finstern Gesichte, das gleich beim ersten Anblick Ehrfurcht einflößt, die Bosheit entdecken? Der Schleicher, der im verborgenen gegen seinen Nächsten arbeitet, schlägt sich an seine Brust und sagt, ich hasse alle Andächtelei. Dieser ist ein Abgesandter der Hölle, er zernagt die Eingeweide seiner Mutter, der Kirche, er ist der Abschaum der Menschheit. Er weiß seine Streiche so listig zu leiten, daß der vom Unglück geschlagene sein Schicksal als eine Strafe des Himmels betrachtet, indessen er seinen Neid mit Menschenjammer nährt und seine Rache mit Tränen der Unschuld tränkt.

Hütet euch vor ihnen, suchet ihnen auszuweichen soviel als möglich, daß euch ihr giftiger Atem nicht ergreife.

Freundschaft

Unter Freundschaft versteht man, einen andern wöchentlich ein paarmal zu beschmausen, ihm das Geld abzugewinnen und seine Frau zu bekuren. Ferner nennt man auch dies einen Freund, der eine Partie Plaisir nicht ausschlägt, der keine Namens- oder Geburtstage vorbeigehen läßt, ohne seine untertänigste Gratulation abzustatten; der, wenn er einen andern auf der Straße begegnet, sich nach seinem Wohlergehn erkundigt und sein untertänigstes Kompliment zu Hause bestellt. Ich rate keinen Menschen, solchen Freunden zu trauen oder ihre Worte für wahr anzunehmen, und wehe dem, der ihrer Hülfe bedarf, wenn er kein Geld hat. Kommt man zu einen Freund, ihn um eine Gefälligkeit anzusprechen, so ist erst seine Miene heiter, man erkundigt sich nach den Befinden und fragt, mit was man dienen könne. Nun bringt der andere sein Anliegen vor. Mit einem Male verwandelt sich die freundliche Miene in eine finstere, man bedauert, daß man ihn hierinnen nicht dienen könne, und versichert, daß man gern in allen Dingen zu Befehl stehe, nur nicht in den, um was er ansucht. Mit diesen Bescheid wird er entlassen, und nun kann er lange warten, bis man ihm zum Tisch oder Spiel einladet. Will er ja seine Bekanntschaft fortsetzen, so wird er so kaltsinnig empfangen, bis er endlich selbst wegbleibt.

Bouffantes, Saloppen

Man hat mir gesagt, daß die Mode, Bouffantes zu tragen, von einer französischen Aktrice entstanden sei, die sich in andern Umständen befunden habe; sie habe dieserwegen Bouffantes getragen, um ihre Schande zu verbergen. Sollten die hiesigen Frauenzimmer die nämliche Absicht dabei haben, so ist es ihnen gern zu verzeihen; daß aber ein jedes Weib, ein jedes Mädchen an den untern Teil des Leibes breiter sein und an den oben schlank scheinen will, finde ich unerhört. Ist es nicht die einzige Ursache, warum so viele elende und tote Kinder zur Welt kommen?

Die Saloppen waren ehedem die Tracht einer verheirateten Frau oder eines Mädchens vom Stande. Wollte man aber jetzt nach der Saloppe auf den Stand eines Frauenzimmers schließen, so würde man oft die gemeinste Straßenhure für ein gnädiges Fräulein halten. Denn alle Wäscherinnen, Stubenmädchen und Kupplerinnen tragen Saloppen. Man beschwert sich, wenn eine Bürgerstochter eine Saloppe trägt, und sagt, es gehört ihr nicht zu, wenn aber ein niedriges Weibsbild mit einer Saloppe stolz einhergeht, so fällt es niemanden ein, etwas daran auszusetzen.

Über das Händeküssen

Will man die Torheiten der Menschen kennenlernen, so darf man nur bei jeder ihrer Handlungen nach einer vernünftigen Ursache fragen und die Handlungen selbst nach dem Maßstabe des innern persönlichen Werts oder Unwerts schätzen. Die Beweggründe unserer mehresten Handlungen sind von den nach und nach herrschenden Meinungen hergenommen; und so wurden Meinungen Gebräuche und diese endlich Gesetze. Von dergleichen Meinungen hat auch das weibliche Geschlecht seine meisten Vorzüge her. Auf die Behauptung derselben muß es nun eifriger halten, weil es in Gefahr steht, derselben verlustig zu werden, sobald andere Meinungen, und zwar solche der gesunden Vernunft, allzu gemein geltend werden.

Das Händeküssen wäre sicher eines der ersten abzudankenden Verehrungskomplimente, sobald nur das Abdanken Mode würde. Welche Erniedrigung des männlichen Geschlechts ist das Händeküssen, man betrachte solches nur nach der Vernunft. Man küßt die Hände eines jeden Frauenzimmers ohne Unterschied, dies geschieht ganz maschinenmäßig. Man kann hier freilich eine Ausnahme machen; die Hand seiner Geliebten und die Hand seines Wohltäters zu küssen ist beides nicht unbillig, und dieses gehört unter die menschlichen und verliebten Schwachheiten, man wird solche, allem Räsonieren der gesunden Vernunft und der Menschenwürde zum Trotz, doch nicht aus den Falten des Herzens und aus den geheimnisvollen Gewebe der herrschenden Naturtriebe hinausbringen können. Ich verweise meine Leser auf eine kleine Schrift unter dem Titel ›Feierliche Kriegserklärung gegen die verjährten Forderungen des schönen Geschlechts, sich von den Männern die Hände küssen zu lassen‹, sie enthält viele nützliche und lehrreiche Wahrheiten.

Familiarität

Die Frauenzimmer in Italien tragen Gesicht und Busen verschleiert, sie sind deswegen keine Nonnen; bei uns wird Gesicht und Busen zur Schau herumgetragen, natürlicherweise aus der Absicht, weil man bei uns die Delikatesse und feine Lebensart versteht und um den schönen Kindern ihr Leben so bequem und ungeniert zu machen als nur möglich. Was könnte wohl gegen eine solche Gefälligkeit erkenntlicher sein als Familiarität. Von der Schädlichkeit und Unanständigkeit derselben will ich ein andermal sprechen; jetzt sei es nur zum Stolz unserer Sitten und zum Trost des männlichen Geschlechts gesagt, daß sich niemand beklagen dürfe, als ob es eine schwere Sache sei, mit den hiesigen Frauenzimmern Bekanntschaft zu haben. Eine Schöne wird ihren Geliebten bei der zweiten Visite mit den zärtlichen Namen eines Talks, Affens, Hans-Narrens und Gespensts begrüßen. Diese süßen Benennungen muntern freilich auf, in den angefangnen Bekanntschaften immer mehrere und größere Fortschritte zu machen; man ist daher ganz ungeniert und betrachtet sich als Bruder und Schwester. Diese schlechte Lebensart (denn Fehler kann man es gar nicht nennen) liegt wohl hauptsächlich daran, weil die hiesigen Schönen gar keinen Begriff von dem wahren geselligen Umgange haben. Sie geben sich gern sogleich mit ganzer Seele hin und bedenken nicht, daß es so viele unwürdige Mannspersonen gibt, die nicht wert sind, von einer guten Seele gut aufgenommen zu werden.

Ferner fehlt ihnen die nötige Bildung, um sich der wahren Würde bewußt zu sein; die meisten suchen daher diese Würde in einem elenden Stolze, mit dem sie sich von einfältigen Männern sinnlose Schmeicheleien vorsagen lassen. Sittsamkeit, gebildeter Verstand und vernünftige Schätzung des wahren Verdienstes ist hingegen allen unbekannt, gleichgültig, wohl gar verächtlich.

Wären sie sich dieser wahren Würde bewußt, so würden sie bald von den Legionen von Stutzern und Gecken befreit sein, die Familiarität würde zur Freundschaft werden, und kein rechtschaffener Mann würde in ihrer Gesellschaft über Ekel und Langeweile klagen dürfen.

Noch einige der hiesigen Gelehrten und grossen Männer

Buckurg, Graf und geheimer Rat, ist der Urheber des Instituts zu Verpflegung der Armen in Böhmen. Dieser Mann wird den Segen des Vaterlands bis auf die spätesten Enkel fortpflanzen. Er mußte mancherlei Hindernisse aus dem Wege räumen, um seine wohltätigen Absichten ausführen zu können.

Butschek, kaiserl. königl. Rat; man erkennt nun seine Verdienste ums Vaterland, ohnerachtet man sonst sein Haus mit Steinen bestürmte, weil er sich aufwarf, nun die Bildung des Bürgers zu verfeinern.

Professor Chládeck. Ein Märtyrer der guten Sache. Den Pfarrern und Seelsorgern hat er in seinem Schulbuche verschiedene heilsame Wahrheiten gesagt, und dieserwegen wurde er von ihnen verfolgt. Folgende Stellen darinnen mögen wohl Anlaß zu der Verfolgung gegeben haben: Die Pfarrer sollen sich nicht der Trunkenheit ergeben, sondern der Gemeine mit guten Exempeln vorgehen; sie sollen die Armen umsonst begraben und ihre Kinder umsonst taufen; sie sollen ihre Haushälterinnen nicht mit zum Tisch nehmen; es ist besser, die heilige Messe andächtig zu hören und das Geld den Armen zu geben, als sie für sich lesen zu lassen, weil dieses nirgends befohlen steht. Pater Konrad gab gegen dieses Buch ein schändlich Pasquill heraus, aber es fruchtete nichts, denn der Hof und alle Patrioten fanden Zufriedenheit an dem, was jener geschrieben hatte.

Zitte, Weltpriester, gehört unter die aufgeklärten Theologen, hat ein gutes Talent im Predigen und besitzt eine große Kenntnis in der englischen Sprache. Er bestreitet aus Überzeugung den Aberglauben und hat dieserwegen viele Feinde. Er bleibt daher immer Kaplan und wird es wohl ewig bleiben, wenn er seinem Eigensinn nicht Einhalt tun wird.

Kolowrat (Graf) ist wegen der bekannten Intrige zu Doxan um seine Bedienung gekommen. Der Ritter von Steinsberg übernahm seine Verteidigung, und sie verdient, gelesen zu werden.

Kotz, Gouvernialrat und Oberrevisor bei der Zensur, war erst gemeiner Soldat; die Sitten, Grobheiten und Unverschämtheiten derselben hängen ihn auch noch treulich an, er verteidigte die Toleranz, schützte den Prof. Seibt und wurde dieserwegen ein abgesagter Feind des Grafen Wieschnik.

R. Ungar, erster Bibliothekar der kaiserlichen Bibliothek. Ein dicker fetter Prämonstratenser und ein großer Freund von einem Stück Rindfleisch mit Green. Er erzählt in allen Gesellschaften, wie stark er die kaiserliche Bibliothek vermehre, daß er aber die Bücher den Buchhändlern abdrückt und sie unter der Hälfte des Preises haben will, verschweigt er sorgfältig.

Seibt, Lehrer der schönen Wissenschaften und der Moral. Sein Vaterlandseifer, sein Geschmack und Aufklärung zogen ihm eine Menge Feinde zu, er geriet durch dieselben in das Inquisitionsgericht und hätte gewiß diesen Kabalen, die ihm geschmiedet wurden, unterliegen müssen, wenn sich nicht mutige Patrioten seiner gerechten Sache angenommen hätten. Der niederträchtige Exjesuit Schönfeld war besonders eine Triebfeder seiner Verfolgung. Schönfeld beschuldigte ihn, er gäbe seinen Schülern verführerische Bücher in die Hände. Allein er wurde gerechtfertigt und seine Gegner beschämt.

Steinsberg, ein junger herrlicher Mann voller Talente und Enthusiasmus für die gute Sache. Er ist der Urheber der ›Predigerkritiken‹. Er wurde dermaßen verfolgt, daß er das Land räumen mußte, er flüchtete nach Berlin und brachte da seine Kenntnisse zur Reife. Ein neuer Streit erregte sich bei seiner Zurückkunft, weil er eine Broschüre gegen den heiligen Nepomuk schrieb; er war dabei in Gefahr, ums Leben zu kommen.

Folgende Seiten:
Karmeliterstraße.
Kolorierte Radierung von Caspar Pluth

Neuberg, ein großer Gelehrter in der böhmischen Literatur; er besitzt alles Seltene, was in dieses Fach einschlägt; schade, daß ihm das Chiragra die Tage seines Lebens verbittert.

Nostitz (Oberstburggraf). Ein unbarmherziger, grober und murrischer Mann. Er sorgte um das Vergnügen der Prager durch Erbauung des neuen Theaters, von dem ich schon vorher gesagt habe. Das einzige Gute, was er stiftete, was dieses, daß er den Unfug des Kanonikus Kwies, der auf erzbischöflichen Befehle einen jeden Geistlichen, der bei Nachtzeit ohne Mantel und Talar auf die Straße ging, arretieren ließ, steuerte.

Royko, Lehrer der Kirchengeschichte. Hat sich durch eine Geschichte der Kostnitzer Kirchenversammlung rühmlichst bekannt gemacht; daß er Hus darinnen als einen Märtyrer aufstellte, hat ihn bei dem Prager Domkapitel sehr verhaßt gemacht; sie hätten ihn gar zu gerne einen Prozeß gemacht, sie bestachen die Studenten, schickten allerlei Emissarien in seine Kollegia, allein es wollte nicht glücken, sie konnten dem ehrlichen Mann nichts anhaben.

Plenciz, Lehrer der Pathologie und ein Schüler des großen Stolls. Er ist ein rechtschaffener dienstfertiger Mann, hat aber immer viele häusliche Verdrüßlichkeiten mit seiner schönen Frau, welche seine Stirne mit einigen Zieraten bezeichnet hat.

Mikan, Doktor, ein fauler, träger Fleischklumpen, der besonders hübsche Frauen und Mädchens kuriert, bei andern Patienten sich aber lange bitten läßt, ehe er zu ihnen kommt; letztere sollen kein gutes Zutrauen zu ihm haben.

Vermischte Bemerkungen

An den Tafeln der Kaufleute und vornehmen Handwerker findet man mehrenteils Akteurs oder Aktricen, zwischen ihnen sitzt ein geistlicher Herr. Ihre Gespräche betreffen Zweideutigkeiten und Obszönitäten, ernsthafte Diskurse sind selten; und hört man ja einige, so enthalten sie Räsonements über das Theater oder über des Kaisers Reformationen.

Die Garnison besteht in neuntausend Mann; die Offiziers sind gute Gesellschafter und frei von Vorurteilen.

Die Juden machen einen ziemlichen Teil der Einwohner aus, ihre Anzahl ist wohl auf zehntausend Seelen; ihre Handwerker und Künstler haben sie aus ihren Mitteln und Revieren, diese nennt man die Judenstadt.

Jeder, der kein Handwerk treibt, ist ein ›Herr von …‹. Es würde die größte Beleidigung sein, wenn man jemanden von Ansehen nicht so heißen wollte, denn die Domestiken sprechen zueinander: »Hören Sie …«

Ein jedes Frauenzimmer, das eine Saloppe trägt, ist eine gnädige Frau oder Fräulein, die Stubenmädchen nennen sich Mamsell; das Wort Jungfer dürfte wohl ganz von der deutschen Sprache ausgeschlossen werden.

Die größte und beste Unterhaltung ist das Spiel. Man beobachtet darinnen eine genaue Ordnung. Heute läßt man diesen und jenen zum Spiel einladen, und morgen geht man in eine Gesellschaft – zum Spiel.

Sobald man nicht wenigstens alle Wochen etwas Neues zu hören oder zu sehen bekommt, so ist man unwillig und beschwert sich, daß gar nichts Neues passiere.

In einer jeden Gesellschaft muß eine Person sein, an der man seinen Witz auslassen kann, man nimmt dieses eben nicht übel; ein Frauenzimmer, die recht gefoppt wird, lacht aus Herzensgrund über den Spaß, und ihre ganze Verteidigung ist: »Gehn's, foppen's mich nicht.«

Die besten Mädchen werden gemeiniglich die schlimmsten Weiber; das Mädchen, welches man vor einen Engel hält, wird bald nach der Verheiratung zum Teufel. Dieses muß notwendig von der Erziehung und von den schönen Lehren der Mutter herrühren, wie wäre es sonst möglich, daß ein Mädchen so geschwind ausarten könnte.

Die schöne Pariser Mode, durch Lorgnetten zu sehn, ist auch hier zur Mode geworden. »Schade, daß ich meine Lorgnette nicht bei mir habe«, hört man in den Komödien öfters sagen, wenn eine schöne Aktrice aufs Theater kommt. Die besten Augen werden dadurch verdorben, und am Ende wird man wohl auch durch Lorgnetten nach den Pfützen auf der Straße sehen müssen, um sich nicht die Strümpfe zu bespritzen.

In den mehresten Häusern findet man einen Abbé, welcher der gnädigen Frau bei der Toilette aufwartet und ihr die Neuigkeiten der Stadt vorträgt. Sie werden nicht besser als die andern Domestiken behandelt, ohnerachtet viele die Hofmeister der gnädigen Familie sein sollten.

Zum Beschluss etwas über Advokaten

Man gehe nur in die Expeditionsstube des ersten besten Advokaten und untersuche ihre Prozesse; werden sie nicht alle unbedeutende Gegenstände zum Grunde haben? Werden nicht die Unkosten eines Streits allemal den Wert desselben doppelt und dreifach übersteigen? Wird man nicht finden, daß die mehreste Streitigkeit bloß den Kosten wegen verzögert werden? Sechs Zeilen, deren ein jeder, der nur schreiben gelernt hat, in einer halben Stunde wohl zwanzig machen kann, lassen sie sich mit zwei Gulden bezahlen.

Es ist wahr, keine Staatsverfassung in Europa kann ohne Advokaten bestehen, weil die Rechtsgelehrsamkeit ein Chaos ist, dessen Gemische von Gesetzen kein Bürger im Kopf haben kann, ohne sich vorher bei einem Advokaten befragt zu haben; aber gewiß ist es auch, daß über die Hälfte aller Prozesse ohne Juristen abgemacht werden könnte. Aber warum sind auch die mehresten Gesetze so dunkel, daß die Auflösung und Entscheidung derselben so viel Zeit und Geld erfordern? Man würde erstaunen, wenn man alle die Leute, die durch Anhäufung der Expensen von den Advokaten an den Bettelstab gebracht worden sind, zählen sollte.

Zum Beweis dieser Behauptung will ich die Art, wie die Advokaten hier zu verfahren pflegen, hersetzen.

Ein Mann, der in die Umstände versetzt worden ist, daß er einige hundert Gulden Schulden gemacht hat, die er nicht gleich bezahlen kann, bittet bei seinen Gläubigern um Nachsicht; bei etlichen finden seine Bitten statt, bei andern nicht; letztere verklagen ihn durch einen Gerichtsadvokaten, der Richter fällt das Urteil, daß Beklagter die Summe binnen vierzehn Tagen zu erlegen schuldig sei und im Gegenteil bei nicht erfolgter Zahlung auf Anklagen weitere Exekution erteilt werden solle. Diese Frist ist nun den Beklagten zu kurz, er kann nichts bezahlen, nun wird ein Laufer gemacht oder ein Anbringen von drei Zeilen, dieser lautet ohngefähr: ›Über den Ausspruch A geruhe ein löblich Gericht nunmehro in die gerichtliche Pfändung zu willigen.‹ Diese wird nun bewilligt, und die Effekten des Beklagten werden im Beisein eines Schreibers des gegenseitigen Advokaten aufgezeichnet, wofür in der Expensspezifikation drei Gulden angesetzt werden.

Jene Gläubiger, die ihm nun einige Nachsicht versprechen, erfahren dieses (denn die Advokaten erzählen gemeiniglich solche Vorfälle an öffentlichen Orten), und nun stürmen sie alle auf den Unglücklichen los, seine Schulden werden daher noch einmal so groß. Er bezahlt nun einen Teil seiner Schulden und bittet um Frist wegen des Überrests, allein man weist ihn an dem Advokaten, ohne dessen Einwilligung nichts unternommen werden könne. Er geht nun zum Advokaten des Gegners in der Absicht, einen Teil seiner Schuld zu bezahlen, und bittet um Nachsicht mit dem übrigem. Dieser fährt ihn an wie einen Hund und läßt sich lange bitten. Endlich sagt er, daß die Abschlagszahlung gegen Adjustierung der Expensspezifikation angenommen werden sollte. Er bekommt nun hier eine Rechnung, die entsetzlich ist, und die Erklärung, daß mit der Exekution fortgefahren würde, und dieses zwingt ihm die Adjustierung der unchristlichen Spezifikation ab; er unterschreibt, ob er gleich nicht weiß, wie er die Forderungen bezahlen will. Nun ist er in der ersten Verlegenheit, er wird wegen dem Rückstand der Hauptschulden und dem adjustierten Expensen aufs neue belangt, und gemeiniglich sind Arrest die Folgen davon.

Sein guter Name, sein Kredit wird geschmälert, er kann sich nicht mehr helfen, er muß sich auf Gnade oder Ungnade seinen Gläubigern ergeben, man nimmt ihm alles ab, was er hat, und der Elende muß im Gefängnisse verschmachten. Ist am Ende gar nichts mehr übrig, so nehmen die Advokaten Expensen und Superexpensen von der Masse weg, und die Gläubiger mögen sich dann an den Übergebliebenen begnügen.

Es gibt ja wohl eine Taxordnung, wird man fragen, freilich, aber wer sich weigert, die verlangten Expensen zu adjustieren, muß es auf eine Moderierung ankommen lassen, diese geschieht auf seine Kosten; werden nun von der Spezifikation sechs Gulden weggestrichen, muß er vor die Moderierungstaxe wohl acht Gulden bezahlen; ist es nun nicht besser, er bezahlt das erstere?

Solange nicht öffentlich geboten wird, daß jeder Advokat, der mehr fordert, als ihm gebührt, um seine Expensspezifikation bestraft werden soll, solange wird der Geldschneiderei kein Ende sein. –

Ich schließe meine Bemerkungen mit dem Wunsche, daß sie von denjenigen Nutzen sein möchten, den ich dadurch zu stiften glaubte. Sollte ich meinen Endzweck erreicht haben, so werde ich nicht ermangeln, mit mehrerern Bemerkungen über andere große Städte fortzufahren.

Zu dieser Ausgabe

›Freye Bemerkungen über Berlin, Leipzig und Prag. Original und Kopie‹ – so lautet der Titel der 1785 erschienenen Erstausgabe, die weder einen Autor noch den Verlag angibt. Den Namen des Verfassers nennt das Deutsche Anonymen-Lexikon (Hrsg. Holzmann und Bohatta, Band VI, Weimar 1911): Karl Heinrich Krögen, wobei als Quelle Bruun, Bibliotheca Danica (Band II, 2, Kopenhagen 1884) angeführt ist. Das Lexikon der vom Jahr 1750 bis 1800 verstorbenen Schriftstellers (Hrsg. Meusel, siebenter Band, Leipzig 1808) erteilt folgende spärliche Auskunft über Karl Heinrich Krögen: Buchhändler, erst zu Leipzig, hernach zu Kopenhagen, gest. 1788.

Der Stil dieser für die damalige Zeit in manchen Punkten tatsächlich recht freimütigen Bemerkungen läßt vermuten, daß es sich bei dem Autor um einen Vertreter jener etwa um 1750 geborenen Schriftstellergeneration handelt, die sich dem Sturm und Drang verbunden fühlten. Der Untertitel ›Original und Kopie‹ ist möglicherweise ein Hinweis darauf, daß nicht alle hier wiedergegebenen Kapitel erstmalig gedruckt wurden. Tatsächlich finden sich in zeitgenössischen literarischen Zeitschriften – u.a. ›Theater-Journal für Deutschland‹, Gotha 1784, ›Literatur und Theater Zeitung‹, Berlin 1782 – nicht namentlich gezeichnete Beiträge, in denen verschiedene Abschnitte fast wörtlich mit Textstellen in den ›Freien Bemerkungen‹ übereinstimmen. Ob Krögen hier sich selbst oder einen anderen Autor kopiert, bleibt offen.

Die vorliegende Ausgabe basiert auf dem Original von 1785, das die Universitätsbibliothek Berlin bereitstellte. Verschiedene Namen bzw. Sachbegriffe, die im Original falsch wiedergegeben sind, sowie offensichtliche Druckfehler wurden berichtigt. Der Gesamttext ist nur um einige etwas weitschweifige Passagen gekürzt, Orthographie und Interpunktion sind behutsam modernisiert worden, ohne den Lautstand zu verändern.

Die Vorlagen für die Wiedergabe der zeitgenössischen Stiche stellten freundlicherweise zur Verfügung: das Märkische Museum Berlin (Abb. 1–17), das Museum für Geschichte der Stadt Leipzig (Abb. 18–33) und die Graphischen Sammlungen der Nationalgalerie Prag (Abb. 34–47). Den genannten Institutionen sei an dieser Stelle für ihre Unterstützung gedankt.

Anmerkungen

Berlin

8 *zehn Teile*: das alte Berlin (zwischen Spree und Königsgraben), die Luisenstadt, die Friedrichstadt, der Friedrichswerder, die Dorotheenstadt, die Friedrich-Wilhelm-Stadt, das Stralauer Viertel, die Königsstadt, das Spandauer Viertel, die Oranienburg-Rosenthaler Vorstadt.
zwei Teile: Altkölln und Neukölln.
der jetzige König: Gemeint ist Friedrich II. (1712 bis 1786), König von Preußen seit 1740.
Kaserne: Die Artilleriekasernen befanden sich am Kupfergraben und in der Alexanderstraße, heute Luxemburgstraße.
Königliches Schloß: 1944/45 schwer beschädigt, 1950/51 abgetragen; ehemaliger Standort war der heutige Marx-Engels-Platz (Staatsratsgebäude).
Prinz Heinrichs Palast: Hauptgebäude der heutigen Humboldt-Universität.
Wilhelmsplatz: gegenüber der Voßstraße, jetzt Thälmannplatz.
Meiereien: landwirtschaftliche Betriebe mit hauptsächlicher Milchproduktion.
Ruten: altes Maß bei der Flächenvermessung; eine Rute entspricht etwa 3,8 m.

9 *dem zehnten*: d.h. hier: manchem.
Landeskollegio: preußische Regierungs- und Verwaltungsbehörde.

14 *Pickenicks*: eigentlich Mahlzeiten im Freien, besonders bei Ausflügen. Vgl. hierzu den Abschnitt ›Bälle‹.
Pensionen: richtiger Pensionate.
l'Hombre: frz. Kartenspiel span. Ursprungs für drei bis fünf Personen, das mit 40 Karten gespielt wird.
Whist: Kartenspiel engl. Ursprungs für drei oder vier Personen, mit 52 Karten gespielt.
Trezet: frz. Kartenspiel (eigentlich Tré-sept oder trésette); Drei-Sieben-Spiel.

15 *Goût*: frz., Geschmack, Schönheitssinn.
ma chère: frz., meine Liebe.

17 *Hofmeister*: Hauslehrer.
Rekommentation: Empfehlung.

18 *Kornel*: Gemeint ist der römische Geschichtsschreiber und Schriftsteller Cornelius Nepos (um 100–nach 32 v.u.Z.), von dessen zahlreichen Werken besonders die Biographien-Sammlung ›De illustribus viris‹ (Über berühmte Männer) auf Grund ihrer einfachen und dabei fast klassischen Sprache zu einem vielbenutzten Schullesestoff für den Lateinunterricht wurde.
Vademecum: lat., wörtlich: Geh mit mir! – Bezeichnung für Taschenbücher in der Art eines Ratgebers, Leitfadens oder Nachschlagewerkes; hier eine Anspielung auf die damals vielgelesene und stark verbreitete Anekdotensammlung ›Vade Mecum für lustige Leute, enthaltend eine Sammlung angenehmer Scherze, witziger Einfälle und spaßhafter kurzer Historien aus den besten Schriftstellern zusammengetragen‹, herausgegeben von Simon Ratzeberger, Berlin, in 10 Teilen 1764–1792.
siegwartisieren: sprichwörtlich für übertriebene Sentimentalität, so genannt nach dem damals vielgelesenen Liebesroman ›Siegwart. Eine Klostergeschichte‹ von Johann Martin Miller (1750–1814), Leipzig 1736.

19 *Domestiken*: Hausangestellte.
Meierotto, Johann Heinrich Ludwig (1742–1800): bedeutender Pädagoge, 1771 zum Professor an das Joachimstalische Gymnasium zu Berlin berufen.

20 *Büsching*, Anton Friedrich (1724–1793): berühmter Geograph, 1766 zum Direktor des Gymnasiums zum Grauen Kloster zu Berlin berufen.
malabarische Sprache: oder Malayalam, gehört zu den wohlklingendsten Hindusprachen in Malabar (Pfefferküste), dem südlichen Teil der Westküste der vorderindischen Halbinsel.

21 *École militaire*: frz., Militärschule.

23 *Doebbelin*, Carl Theophil (1727–1793): Theaterdirektor in Berlin.
splendid: lat., glanzvoll.
Satrap: altpers., Statthalter.

24 *Brockmann*, Johann Franz Hieronymus (1745 bis 1812): einer der berühmtesten Schauspieler der Zeit; er spielte u.a. den Tellheim in Lessings ›Minna von Barnhelm‹ und – wegen des sensationellen Erfolges – dreißigmal hintereinander den Hamlet.

Schröder, Friedrich Ludwig (1744–1816): berühmter Schauspieler und Leiter einer Theatergesellschaft. *Czechitzky*, Carl (1759–1813): trat am 9. Dezember 1782 als Hamlet am Berliner Nationaltheater auf und wurde sofort engagiert.

26 *Contretanz*: Kontertanz, ein Wechseltanz, bei dem die Paare gruppenweise im Viereck gegeneinander tanzen.
Mara, Gertrud Elisabeth, geb. Schmähling (1749 bis 1833): Primadonna der Berliner Hofoper, später in Wien, München, Paris, London und Petersburg.
Redoute: frz., Maskenball.
divertieren: lat., belustigen.

29 *à la Carmelit*: frz., Modebezeichnung; sich kleiden nach der Art der Karmeliterinnen, besonders hinsichtlich der hellbraunen Farbe der Gewänder.
à la Marlebroug (Marlborough): Modebezeichnung für die verschiedensten Dinge und Erscheinungen jener Zeit, beispielsweise für Farben der Kleidungsstücke, Formen der Damenhüte, Schnitte der Handschuhe, ja sogar für bestimmte Tanzweisen. Die Herkunft dieser Bezeichnung ist wohl in dem damals sehr beliebten frz. Volkslied ›Malprouce s'en va-t-en guerre‹ zu suchen, das den berühmten Feldherrn John Churchill Herzog von Marlborough (1650–1722) zum Gegenstand hat.
Janitscharenmusik: türkische Musik, ursprünglich die lautstarke Militärmusik der Türken; in der übertragenen Bedeutung gebräuchlich für jede Musik, bei der verschiedene Lärminstrumente (Trommeln, Schellen, Tamtam, Triangel) durch ihren Rhythmus die melodieführenden Blasinstrumente übertönen.

32 *Tabagien*: eigtl. Tabakgesellschaften, hier Gasthäuser, in denen das Rauchen gestattet war.

40 *französische Kolonie*: Gemeint sind die Hugenotten, die auf Grund ihres protestantischen Glaubens Frankreich verlassen mußten und sich zur Zeit Friedrichs II. in Preußen ansiedelten.

42 *École de la charité*: frz., Schule der Nächstenliebe.
venerische Krankheiten: Geschlechtskrankheiten.

43 *Pensionairchirurgus*: ein staatlich besoldeter Arzt, der die Patienten ohne Honorarforderung behandelte (Pension: hier staatliches Jahresgehalt).

44 *Depensen*: frz., Kosten.

45 *Chodowiecki*, Daniel Nikolaus (1726–1801): berühmter Maler und Kupferstecher, kam 1743 nach Berlin. Mit dem Ölgemälde ›Der Abschied des Calas von seiner Familie‹, welches er 1767 dazu noch zweimal in Originalgröße als Kupferstiche herstellte, begründete er seinen Ruhm. Seit 1764 war er Rektor der Akademie der Künste.
Berger, Daniel (1744–1825): Kupferstecher, verfertigte über achthundert Kupferstiche, seit 1787 Direktor der Berliner Kupferstecherschule. Fertigte u. a. einen berühmten Stich von Friedrich II. an.
Meil, Johann Wilhelm (1733–1805): Maler und Kupferstecher, seit 1791 Rektor der Akademie der Künste, entwarf Kostümbilder für das Deutsche Theater.
Rode, Christian Bernhard (1725–1797): vorwiegend Historienmaler; in Berlin Schüler von Antoine Pesne (1683–1757), kehrte er 1756 nach einem langen Italienaufenthalt nach Berlin zurück.
Reichardt, Johann Friedrich (1752–1814): Komponist und Violinvirtuose, preußischer Kapellmeister, schrieb Operetten, später auch Opern, Kantaten, Oratorien u. a.
Benda, vermutlich hier gemeint Georg (1721–1795): Geiger und bekannter Komponist, 1742 im Dienste Friedrichs II., schrieb zahlreiche Instrumentalwerke und Opern; oder dessen Bruder Franz (1709 bis 1786): bekannter Violinvirtuose, seit 1740 ebenfalls im Dienste Friedrichs II.
André, Johann (1741–1799): Komponist und Musikverleger, 1777 als Musikdirektor an das Deutsche Theater nach Berlin berufen, schrieb Instrumentalwerke und etwa dreißig Opern und Operetten.

48 *Posen und Simon*: Namen zweier Besitzer derartiger Tabagien.
Kurant: Münze eines Landes (hier Preußen), deren Nennwert dem (staatlich verbürgten) Metallwert entspricht.

49 *belles lettres*: frz., schöngeistige Schriften.

50 *Orthodoxie*: die sogenannte positive, reine kirchliche Lehre, die ihren Ursprung in der Katechetik hat; im Gegensatz dazu entwickelte sich im 18. Jahrhundert die *Heterodoxie*, eine moderne, liberale Richtung.

Herrnhuter: Anhänger einer protestantischen Religionsgesellschaft (Brüdergemeine), die von den Nachkommen der in ihrer Heimat verfolgten ›Böhmischen Brüder‹ gegründet und 1722 auf dem Rittergut des Grafen Zinzendorf bei Herrnhut (Oberlausitz) ansässig wurde.
Gichtelianer: Anhänger von Johann Georg Gichtel (1638–1710), einem aus Regensburg stammenden Mystiker, der eine ähnliche Geisteshaltung wie der theosophische Mystiker Jakob Böhme (1575–1624) vertrat.
Separatisten: in diesem Zusammenhang Gruppen innerhalb der Kirche, die wegen abweichender Lehren oder Bräuche in abgesonderten Konventikeln oder Privatandachten eine eigene Religionsausübung veranstalten, ohne sich formell von ihrer Landeskirche zu trennen.
Arianer: Anhänger des Presbyters Arius zu Alexandrien (gest. 336), der die Wesensgleichheit des Vaters mit dem Sohne (Christus) leugnete; erneutes Auftreten dieser Anschauung seit dem 17. Jahrhundert.
Unitarier: Anhänger einer christlichen Gruppierung, nach deren Anschauung die Dreieinigkeit (Trinität) nicht eine geheimnisvolle Einheit dreier Individuen, sondern eine dreifache Offenbarungsweise des ewigen Urgrundes (Logos) der Welt ist.
Mennoniten: protestantische Gruppierung, die aus den Wiedertäufern der Reformationszeit hervorgegangen ist; ihr Name leitet sich von dem friesischen Priester Menno Simons (1492–1559) ab.
Enrollierung: Anwerbung; das Einschreiben in die Werbelisten (der Armee).

51 *zu Calvins und Servets Zeiten*: Johann Calvin (1509 bis 1564), der bekannte Kirchenreformator, trug dazu bei, daß der spanische Theologe Miguel Serveto (1511–1553), der eine vom Dogma abweichende Auffassung über die Dreieinigkeitslehre vertrat, in Genf von der Inquisition zum Tode verurteilt und verbrannt wurde.

54 *Bahrdt*, Karl Friedrich (1741–1792): Theologe, hatte einen unruhigen Lebensverlauf: 1766 Kanzelredner und Professor in Leipzig, mußte er die Stadt verlassen wegen der Folgen seines ›unerlaubten Umgangs mit dem weiblichen Geschlecht‹. Nach weiteren Stationen und immer neuen Auseinandersetzungen 1778 von seinen geistlichen Ämtern suspendiert, nahm er ›Zuflucht in den Ländern des Königs von Preußen‹.
Rosenfeld, Johann Paul Philipp (geb. 1718): genannt ›der Berliner Messias‹, gab sich an Stelle des ›falschen Jesus Christus‹ für den wirklichen Gottessohn aus und wurde am 12. Januar 1781 zu öffentlichem Staupenschlag und zur ›Abfuhr nach Spandau‹, d.h. zum Kerker, verurteilt.
Societés mystiques: frz., zur damaligen Zeit in Erscheinung tretende geheime oder spiritistische Gesellschaften.
Pfühl: dichterisch für Kissen.

58 *Pasquille*: frz., Spott- oder Schmähschriften.

59 *Meßkataloge*: Bücherverzeichnisse der auf der Messe (Leipzig) angebotenen Buchtitel.
verkaufen sie an die Käseweiber: Anspielung auf die damalige Sitte, derartige und andere Druckerzeugnisse u.a. zu Verpackungszwecken zu verwenden.
Assembleen: frz., Versammlungen.

Leipzig

62 *vier Tore*: Die Haupttore waren das Grimmaische, Hallesche, Ranstädter und Peterstor.
Schloß: die Pleißenburg, heute Neues Rathaus.
Durchgänge: Von den hier genannten ist heute nur noch der ›Auerbachische Durchgang‹ (Mädler-Passage) vorhanden.

63 *Louisdor*: frz. Münze in der Zeit von 1726–1785; 1 Louisdor = 24 Livres (entsprach etwa einer deutschen 20-Mark-Goldmünze).
Zemisch (auch Zehmisch), Gottlieb Benedikt (gest. 1789): Leipziger Kaufmann, der – neben anderen Kaufleuten, deren Anteil aber wesentlich geringer war – sein Vermögen verwendete, um der Stadt Leipzig ein Opernhaus errichten zu lassen. Die Eröffnung fand am 10. Oktober 1766 statt.
Fäsch, Georg Rudolf (1712–1787): Generalmajor, Architekt und Ingenieur.

Oeser, Adam Friedrich (1717–1799): Maler und Bildhauer, war an der Innenausstattung des Theaters beteiligt und schuf die Dekorationen; Direktor der Leipziger Kunstakademie.

Clodius, Christian August (1738–1784): seit 1764 ordentlicher Professor an der Leipziger Universität; Schrift: ›Prolog bey Eröffnung des neuen Theaters …‹, Leipzig 1766.

Bondini, Pasquale (1731–1789): zuerst Baßbuffo in Prag, seit 1777 Direktor des ›gesamten Theaterwesens‹ in Dresden, im gleichen Jahr erster Aufenthalt zu Michaeli (Herbstmesse) in Leipzig; leitet später gleichzeitig Schauspielgruppen in Leipzig, Dresden und Prag; etwa 1782/83 tritt die *Bondinische Gesellschaft* in der hier vorkommenden Zusammensetzung auf.

Thomas, Christian Gottfried (1748–1806), auch Thomasius genannt, Komponist und Musikschriftsteller, Hornist am Gewandhaus, veranstaltete Chor- und Orchesterkonzerte in Leipzig und anderen Städten.

64 *Reinecke*, Johann Friedrich (1747–1787): einer der beliebtesten Schauspieler der Zeit, spielte besonders Heldenrollen und war als Regisseur der Bondinischen Gesellschaft tätig.

›Die Zwillinge‹: Trauerspiel von Friedrich Maximilian Klinger (1752–1831), erschien 1776; Guelfo ist die Figur des Vaters.

Otto von Wittelsbach: Titelfigur des gleichnamigen, 1781 erschienenen vaterländischen Trauerspiels von Franz Marius von Babo (1756–1822).

Thering, Joachim (1743–1813 oder 1815): Schauspieler und Bühnendichter.

›Der eifersüchtige Liebhaber‹: Stück von Christoph Friedrich Bretzner (1748–1807), Leipzig 1783.

›Der deutsche Hausvater‹: Stück von Otto Heinrich Freiherr v. Gemmingen-Hornberg (1755–1836), München 1780; eine sentimentale Darstellung aus dem häuslichen Leben auf dem Lande, dem ›Père de famille‹ von Denis Diderot nachgestaltet.

65 *Nostitzische Truppe*: Schauspielertruppe, benannt nach Franz Anton von Nostitz (1725–1794), Oberstburggraf zu Prag, Mäzen der Schauspieler und Erbauer des neuen Prager Schauspielhauses (s. Teil Prag, Kapitel Theater).

Reinecke, Sophie, geb. Benzig (1745–1788): Frau von Johann Friedrich Reinecke.

Günther, Sophie, geb. Huber (geb. 1754): spielte vor allem Rollen von Liebhaberinnen in Leipzig bei Koch, in Berlin bei Doebbelin, in Dresden bei der Bondinischen Gesellschaft; in der Zeit von 1780–1783 auch in Wien an der Seite ihre Mannes Friedrich Günther.

Lottchen und Lenchen: Rollen in zwei damals beliebten Stücken.

›Giannina e Bernadone‹: ital. Oper in zwei Akten von Domenico Cimarosa (1749–1801).

68 *die ältere und jüngere Soporiti*: wohl richtiger Saporetti, zwei italienische Sängerinnen und Schauspielerinnen.

Caravoglia, Maria, geb. Balsoni (1758–1802): gefeierte Sängerin, wie auch Mad. *Oltonbelli* (Oltrabelli); über die weiter genannten italienischen Mitglieder der Truppe sind genaue Angaben nicht bekannt.

70 *Schröder*: s. 2. Anm. zu S. 24.

applizieren: anwenden.

Externi: Schüler, die nicht im Internat wohnen.

Alumni: Internatsschüler.

Fischer, Johann Friedrich (1726–1799): klassischer Philologe, kam 1744 nach Leipzig, seit 1751 Professor der Philosophie und Rektor der Thomasschule.

Doles, Johann Friedrich (1715–1797): seit 1755 Kirchenkomponist und Kantor an der Thomasschule.

Reiske, Johann Jacob (1716–1774): einer der bedeutendsten Philologen der Zeit, Autor zahlreicher wissenschaftlicher Werke. 1758 wählte ihn der Magistrat zum Rektor der Nikolaischule.

Martini, Georg Heinrich (geb. 1722): 1751 Privatdozent in Leipzig, starb als Rektor der Nikolaischule.

Held, Johann Friedrich: Magister an der Nikolaischule in Leipzig seit 1773.

72 *T- oder Ch-*: Tripper oder (S)chanker (Geschlechtskrankheiten).

Böhme, Johann Gottlieb (1717–1780): kursächsischer Hofrat und Historiograph, Professor für Geschichte in Leipzig.

73 *Gellert*, Christian Fürchtegott (1715–1769): einer der bekanntesten Dichter der Aufklärung; erhielt von

Prinz Heinrich von Preußen während des Siebenjährigen Krieges dessen Schlachtpferd geschenkt und unternahm damit tägliche Ausritte.
Gärten: heute größtenteils überbaut.
Der Rudolphische Kaffeegarten: lag an der Pleiße gegenüber der Pleißenburg, benachbart der Reichelschen Gartenanlage, mußte aber in der ersten Hälfte des 19. Jahrhunderts der Bebauung weichen.

76 *Hendels Kuchengarten*: Hendel, ein ausgezeichneter Kuchenbäcker, war Inhaber der wohl bekanntesten Einrichtung dieser Art, im Vorort Reudnitz an der heutigen Kohlgartenstraße gelegen. Hier verkehrten u. a. Dichter und Gelehrte.
Milchinsel: ehemals großes, vor dem damaligen Schönefelder Tor gelegenes Gartengrundstück.
Funkenburg: Teil der alten Befestigungsanlagen, der von den Bürgern als Vergnügungsplatz viel besucht wurde.
montgolfische Geschichte: Anspielung auf dic damals sensationellen Experimente von Jacques Étienne Montgolfier (1745–1799) und dessen Bruder Joseph Michel (1740–1810), den Erfindern des Ballonfliegens, denen 1783 erstmalig der erfolgreiche Aufstieg eines Ballons gelang.
Gose: obergäriges Bier aus Goslar (an der Gose); es kam durch Fürst Leopold I. von Dessau nach Leipzig und wurde unter Brechung des Leipziger Biermonopols seit 1738 im Eutritzscher Krug (der ›Gosenschenke‹) feilgeboten. Der Wirt Gieseke war der ehemalige Leibdiener des ›Alten Dessauers‹.

78 *divertieren*: belustigen.

79 *insinuieren*: einschmeicheln.
Krethi und Plethi: abwertende Bezeichnung für allerhand unliebsame Menschen; ursprünglich Bezeichnung für die Leibwache König Davids (10. Jh. v. u. Z.).

82 *Mode à la Marlebroug*: s. 2. Anm. zu S. 29.
Richters Kaffeehaus: befand sich bis 1790 in dem vom Bürgermeister Dr. Romanus erbauten Haus (später Dufoursches Haus genannt) auf dem Brühl/Ecke Katharinenstraße und war ein beliebter Treffpunkt, besonders für die Messebesucher.

84 *Kopfzeug à la Blanchard*: Modebezeichnung, so benannt nach dem berühmten Ballonflieger François Blanchard (1753–1809).

86 *Quarantaine*: frz., eine Anzahl von 40; hier vermutlich sprichwörtlich für ›die Runde machen‹.
Punsch Royal: ein aus England stammendes Boxspiel (Punching-ball), wobei der Boxer gegen einen in Armhöhe befestigten birnenförmigen Übungsball schlägt.

87 *Brücken*: vermutlich eine Fleischspeise (Bruckenfleisch).
geschwefelter Krätzer: saurer, zur Erhöhung der Wirkung mit Schwefel versetzter Wein.

88 *rufen encora*: Beifallsruf (frz. encouragement: Aufmunterung).
Festins: frz., Schmausereien.
Lorgnette und Lûnette: frz., kleines Fernrohr bzw. halbkreisförmige Augengläser.

90 *Coiffüre*: frz., Frisur mit kunstvollem Haarschmuck.
Vapeurs: frz., Blähungen und Verdauungsstörungen bzw. die dadurch verursachte üble Laune.

91 *Kommers*: studentisches Trinkgelage zu besonderen Anlässen.

92 *Einlaßgroschen*: beim Einlaß am Stadttor zu entrichtende Gebühr.
Cursum Akademicum: lat., wörtl.: Durchlauf durch die Universität (Studium).
disputieren: (mit Worten) gelehrt streiten.
Präses: der Vorsitzende eines Gremiums.
Impromptus: frei schöpferisch, aus dem Stegreif gestaltete Darlegungen.

93 *Weidemanns Erben und Reichsche*: Gemeint ist die Buchhandlung, die von den Erben des Hofrats Weidemann und dem Buchhändler Philipp Erasmus Reich auf der Grimmischen Gasse (heute Grimmaische Straße) im ›Gleditschen Hause‹ geführt wurde.
Zimmermann, Johann Georg Ritter von (1728–1795): Arzt und Schriftsteller, schrieb u. a. das erfolgreiche und in viele Sprachen übersetzte Werk ›Über die Einsamkeit‹, Zürich 1755. Die hier genannte neue Ausgabe ist die wesentlich erweiterte Ausgabe in vier Bänden, Leipzig 1784/85.
pro labora: lat., etwa: geschäftlicher Arbeitseifer.
kontante Art: eine schlechtes Beispiel gebende Art (lat. contingio).
changieren: frz., tauschen.

Weygand, Christian Friedrich (1743–1806): Buchhändler, sein Geschäft befand sich in der Ritterstraße im ›Roten Collegio‹ (Universität).
Verlag vor bar Geld kauft: Gemeint sind die von ihnen verlegten Bücher. Das Verlegen, Drucken und der Ladenverkauf von Büchern war damals noch oft in einem Unternehmen vereinigt (Verlagsbuchhandlung mit Druckerei).
vollwichtige Lousidors: L. waren Goldmünzen, man achtete daher darauf, daß sie vollgewichtig, d.h., nicht an den Rändern beschabt waren.
94 *remittieren*: zurücksenden.
Kundleute: Kunden.
95 *Crusius*, Siegfried Lebrecht: Buchhändler am alten Neumarkt im Paulino (Universität).
Fritsche, Caspar: Buchhändler in der Grimmischen Gasse im ›Fürstenhaus‹.
Gleditsche: Johann Friedrich Gleditschens Erben führten eine Buchhandlung in der Grimmischen Gasse im ›Welkischen Hause‹.
Dyk: Johann Gottfried Dyks Witwe hatte eine Buchhandlung in der Grimmischen Gasse in ›Kind's Haus‹.
Chodowiecki: s. 1. Anm. zu S. 45.
kontribuieren: beitragen.
96 *›Arndts Paradiesgärtlein‹ ... ›Das galante Sachsen‹*: Offenbar wurde hier eine erotische Schrift als mystisch-christliches Werk getarnt angeboten. Die genauen Titel lauten: ›Paradiesgärtlein aller christlichen Tugenden‹, Leipzig 1612, von Johann Arndt (1555–1621), lutherischer Theologe und Mystiker, und ›Das galante Sachsen‹, Frankfurth am Mayn 1734, Offenbach 1779, nebst Vorrede und Zueignungsschrift an die galante und gelehrte Welt von Carl Ludwig Pöllnitz.
98 *Burscher*, Johann Friedrich (1732–1805): Professor für Philospohie und für Theologie; Autor zahlreicher Schriften.
Hermesiade: Anspielung auf den damals sehr bekannten Schriftsteller Johann Timothäus Hermes (1738–1821), Theologe, Lehrer an der Ritterakademie zu Brandenburg, später in Breslau; Verfasser zahlreicher didaktischer Romane, u. a. ›Fanny Wilkes‹, Leipzig 1766, und ›Sophiens Reise von Memel nach Sachsen‹, Leipzig 1770–1775.
Degenkolb, Karl Christian (1718–1797): Archidiakon an der Nikolaikirche zu Leipzig.
Eichler, Christian Gottlob: Pastor, wurde 1751 Doktor der Theologie in Leipzig.
Podagra: grch., Zehengicht, ›Zipperlein‹.
Postillen: Erbauungs- und Predigtbücher.
absolvieren: freisprechen, hier: die Vergebung der Sünden.
Rasterschenken: vermutlich Herbergen mit Bierausschank.
Ide, Gottlob Heinrich (1735–1803): Oberkatechet an der Peterskirche zu Leipzig.
Körner, Johann Gottfried (1726–1785): Prediger an der Nikolaikirche, seit 1782 Professor für Theologie.
Morus, Samuel Friedrich Nathanaël (1736–1792): seit 1768 Professor an der Universität.
Exegese: Ausdeutung (der Bibel).
Zollikofer, Georg Joachim (1730–1788): geboren in St. Gallen, seit 1758 in Leipzig als Prediger der reformierten Gemeinde und gefeierter Kanzelredner.
Apotheke ›Zum König Salomo‹: befand sich von 1717–1943 in der Grimmischen Gasse Nr. 595, heute am Peterskirchhof.
Apotheke ›Zum Goldnen Löwen‹: seit 1445 am Markt gelegen, seit 1696 in der Grimmischen Gasse.
99 *Provisor*: Verwalter, nichtselbständiger Apotheker.
Pursche und Stößer: Gehilfen in der Apotheke.
Prinzipale: Geschäftsinhaber.
Offizinen: Werkstätten, hier Apotheken.
Spanische Fliegen: eine Art des Blasenkäfers, der wegen des Gehalts an Kantharidin zu blasenziehendem Pflaster verwendet wurde.
100 *Aubergen*: frz., Wirtshäuser, Herbergen.
Kofent: Dünnbier.
101 *Markeur*: Spielwärter beim Billard.
en gros: frz., Zusatz der geschäftsbezeichnung bei Großhändlern; Gegensatz: en detail, Geschäftsbezeichnung bei Klein- oder Einzelhändlern.
102 *Emballierung*: Verpacken.
105 *›Das abgekürzte Wort des Herrn‹*: um 1780 in Halle erschienen, Autor ein Herr Siegel aus Cheudien.
Schlözer, August Ludwig von (1735–1809): Historiker, Publizist, Professor für Politik und Staatswissenschaften an der Universität Göttingen, Autor zahlreicher

historischer Werke, hat 1776 den ersten Teil einer ›Kleinen Chronik von Leipzig (bis zum Jahre 1466)‹ herausggeben, die jedoch keine Fortsetzung fand.
Michael: oberster Erzengel, der über Drachen und Satan siegt; zu seinem Gedenken wurde jährlich am 29. September des Michaelsfest gefeiert.
Saloppen: herabhängende Kleider (im Gegensatz zu den damals üblichen Reifröcken).
Enveloppen: Mäntel.

108 *Karkassen*: die Gerippe für die Reifröcke.
Laterna magica: lat., wörtlich: Zauberlaterne; Projektionsapparat zur Wiedergabe von (oft farbigen) Glasbildern oder Schattenrissen.
Akzise: indirekte Verbrauchs- oder Verkehrssteuer.

109 *Portechaisen*: frz., Sänften.
Hiller, Johann Adam (1728–1804): Musiker, Komponist; seit 1763 Gewandhausdirektor; errichtete 1771 eine Singschule für Frauen; 1789–1801 Kantor und Musikdirektor an der Thomaskirche. – Auf einer Reise nach Mittau erhielt er vom Herzog von Kurland den Kapellmeistertitel.
Konzerts Spirituels: geistliche Konzerte.

110 *Marcolini*, Camillo Conte (1739–1814): ital. Staatsmann, Königl.-Sächsischer wirklicher Geheimer Rat und Kabinettsminister.
am Friedrichstage: der Geburtstag (23. Dezember) des damaligen Kurfürsten und späteren Königs von Sachsen Friedrich August I. (1750–1827).
Donner, Matthaeus (1704–1756): Bildhauer und Medailleur, seit 1726 an der Wiener Akademie.
Dauthe, Johann Friedrich Carl (1749–1816): Architekt und Kupferstecher, seit 1781 städtischer Baudirektor.
Le Prince, Jean-Baptiste (1734–1781): französischer Genre-, Bildnis- und Landschaftsmaler, auch Kupferstecher; erfand bzw. vervollkommnete die Tusch- oder Aquatintamaler, wovon er der Pariser Akademie 1769 erste Proben vorlegte.
Bause, Johann Friedrich (1738–1814): kam 1766 nach Leipzig, Professor der Kupferstechkunst an der Leipziger Akademie.
nach Graffs Pinsel: Kupferstiche nach Gemälden von Anton Graff (1736–1813).
Geyser, Christian Gottlieb (1740–1803): Schüler Oesers; kam nach Leipzig, um Jura zu studieren, wandte sich aber der Kunst zu; Lehrer an der Leipziger Zeichenschule.
Mechau, Jacob Wilhelm (1745–1808): Landschaftsmaler und Radierer, in Leipzig geboren; studierte bei Rode in Berlin, kehrte nach Italienaufenthalt für einige Jahre nach Leipzig zurück, lebte später in Dresden.
Stein, August Ludwig (1732–1814): Schüler Oesers, fertigte Radierungen nach den Gemälden des Winklerschen Kabinetts (s. 4. Anm. zu S. 112).
Schlegel, Friedrich Samuel (1732–1799): Bildhauer.
Gellertsches Monument in der Johanniskirche: wurde nach Gellerts Tod von seinen Freunden gestiftet und in der ehemaligen Johanniskirche aufgestellt; später erhielt es seinen Standort auf dem Altarplatz der an gleicher Stelle 1897 neu erbauten Johanniskirche 1944 zerstört).
Breitkopf, Johann Gottlob Immanuel (1719–1794): Verleger, Buch- und Musikalienhändler, Sohn des Begründers der Firma Breitkopf, Bernhard Christoph (1695–1777).
Capieux, Johann Samuel (1748–1813): Kupferstecher, Zeichenmeister zu Leipzig.
Hiller: s. 2. Anm. zu S. 109.

112 *Potleska*, Thekla (1765–1822): berühmte Sängerin, kam 1776 als Harfenistin aus Böhmen nach Leipzig und nahm bei Hiller Gesangsunterricht. Aus Dankbarkeit für ihren Lehrer ließ sie in Leipzig ein Hiller-Denkmal errichten.
›Alkeste‹: Oper von Anton Schweitzer (1737–1787); den Text schrieb Christoph Martin Wieland (1733 bis 1813).
Mara: s. 2. Anm. zu S. 26.
Winklersche Bildergalerie: von dem Leipziger Stadthauptmann Gottfried Winkler (1731–1795) zwischen 1760 und 1780 angelegte Sammlung von etwa 800 Gemälden und 8000 Kupferstichen, befand sich in seinem Haus in der Katharinenstraße; durch drei Versteigerungen 1815 (Zeichnungen), 1819 (Gemälde) und 1834 (restliche Gemälde und Zeichnungen) aufgelöst. Katalog: ›Historische Erklärung der Gemälde, welche Herr Gottfried Winkler gesammelt‹, Leipzig 1768.
Richtersche Sammlung: begründet von Zacharias

Richter (gest. 1764), fortgesetzt von seinem Sohn, dem Kammerrat Johann Thomas Richter (1728 bis 1773), 1810 von den Erben seines Bruders Johann Zacharias versteigert. Die Sammlung befand sich im ehemaligen Wohnhaus von Johann Thomas Richter am Thomaskirchhof und wurde Künstlern und Kunstsachverständigen auf Verlangen zugänglich gemacht.

113 *Linksches Naturalienkabinett*: von Heinrich Linke begründet, von Johann Heinrich Linke fortgeführt.

Richtersches Naturalienkabinett: Die Sammlung wurde von Johann Christoph Richter (gest. 1751) begründet. Sie umfaßte auch eine Pflanzen- und Insektensammlung, eine Kollektion ausländischer Hölzer, antike Gefäße sowie eine Bibliothek von etwa 3000 Bänden. Nach J. Ch. Richters Tod kam die Sammlung an den Theologen Johann Georg Richter, der sie dem Kaufmann Hieronymus Herkules Enderlin überließ. Dieser zeigte allen Interessenten die Sammlung, die sich 1784 im ›Semmelischen Hause‹ in der Reichsstraße befand und zum Verkauf angeboten wurde.

Konchylien: grch., Sammelbegriff für Weichtiere.

Leskische Sammlung: in Löhrs Hof am Markt in der Wohnung des Professors Leske, der sie als Anschauungsmaterial in seinen Vorlesungen verwandte.

Ratsbibliothek: damals im dritten oder auch Hauptstock des Gewandhauses am Neumarkt untergebracht; genauer Titel des hier genannten Werkes: ›Beschreibung der Stadt Leipzig‹, Leipzig 1784.

Universitätsbibliothek: befand sich im sogenannten Paulinum oder Paulino, dem zum Universitätsgebäude gehörigen ehemaligen Paulinerkloster, seit 1891 in dem für diesen Zweck neuerbauten Gebäude in der Beethovenstraße.

114 *Cramer*, Johann Andreas (1723–1788): berühmter Kanzelredner, studierte Theologie in Leipzig, 1754 Oberhofprediger und Konsistorialrat zu Kopenhagen, wo er 1765 eine Professur für Theologie erhielt, seit 1771 Superintendent in Lübeck, wo er 1784 zum Kanzler und Kurator der Universität ernannt wurde; neben zahlreichen anderen literarischen Arbeiten verfaßte er eine damals vielgelesene Biographie Gellerts (Leipzig 1774).

Johannistag: Ehrentag zum Andenken an Johannes den Täufer, den Schutzpatron von Leipzig. An diesem Tag wurde, einem alten Brauch folgend, das ›Johannismännchen‹ (wahrscheinlich aus der alten Johanniskirche stammend) am Johannisspital vor dem Grimmaischen Tor öffentlich ausgestellt.

Solennität: Feierlichkeit.

Das Leipziger Parterre: Synonym für die Inhaber der einfachen Theaterplätze im Parterre (im Gegensatz zu den Logenplätzen). Im Parterre war es üblich, sehr lautstark durch Pochen oder Klopfen seine Meinung zu den Bühnenereignissen zu bekunden.

116 *Kritzinger*, Friedrich Adolf: Verfasser der 1779 erschienenen ›Geschichte der Stadt Leipzig‹.

Wittenbergischen Theologen: Gemeint ist Martin Luthers Religionsdisput mit dem katholischen Theologen Johann Eck in Leipzig.

Eodem anno: lat., im gleichen Jahr.

117 *verhaftet*: hier in der Bedeutung: belastet hatte.

›*Leipziger Allerlei*‹: bekanntes politisches Wochenblatt, dessen Herausgeber F. A. Kritzinger war.

Prag

120 *Frauenkirche im Teyn*: die Teynkirche; Tein (= Zaun), ursprünglich ein im 11. Jh. angelegter, umzäunter Handelsplatz.

Kollegium Klementinum: ehemaliges Jesuitenkolleg, später gehörte das Gebäude zur Universität.

Woyda (Weyda): vermutlich ein Glücksspiel.

124 *Jausen*: österr., kleine Zwischenmahlzeiten.

125 *Abbé*: katholischer Weltgeistlicher.

Katzentischel: sprichwörtlich für einen Nebentisch oder -platz für geringgeachtete Gäste (der Platz, an dem die Katzen gefüttert werden).

129 *Edler*: Adelstitel.

Akzessisten: Anwärter auf eine fest besoldete Stelle bei Gericht, in der Verwaltung oder auch in einem Orchester.

Chapeaus: frz., Hüte, volkstümlich auch für deren Träger verwendet.

130 *Staat*: steht hier für: schöne Garderobe.

131 *Reformationen des Kaisers*: Gemeint sind die ›Jo-

sephinischen Reformen‹ Kaiser Josephs II. (1741 bis 1790).
Wahr, Karl W. (geb. 1745): Schauspieler und Theaterdirektor.
Prälaturen: kirchliche Amtsbezirke.

132 *Kassationen*: mehrstimmige und mehrsätzige instrumentale Ständchen der Rokokozeit.
Naumann, Johann Gottlieb (1741–1801): Komponist, kurfürstlicher Oberkapellmeister in Dresden, schrieb die Oper ›Kora‹, 1780.
Bischof: Punschgetränk aus Rotwein und verschiedenen Gewürzen.

133 *Redoute*: frz., Maskenball; hier Bezeichnung für ein Ballhaus in der Altstadt am Fleischmarkt, bestehend aus zwei Tanzsälen und mehreren Speisezimmern.
›Bad‹: Gemeint ist der Gasthof ›Zum Bad‹ (ein ehemaliges Badehaus) auf der Kleinseite, damals Badegasse Nr. 286.
›Eiserne Tür‹: das Haus ›Zur eisernen Türe‹ auf der Kleinseite, damalige Pfarrgasse.
›Ratzenbeck‹: der auf dem Poříč (nordöstlicher Teil der Neustadt am rechten Moldauufer) gelegene ›Ratzenbecksche Tanzsaal‹, wurde später zu einem Gemeindehaus der Böhmischen Gemeinde umgebaut.
›Graf‹: Gasthaus, das Adam Graf in einem bis 1775 dem Jesuitenorden gehörenden Gebäude in der Hinteren Dominikanergasse (za Dominikanská Ulice) betrieb; im Garten befanden sich zahlreiche Wandelgänge, Lusthäuschen und ein Tanzsaal.
deutsch tanzen: Die temperamentvollen deutschen Tänze bildeten einen wohl ungewohnten Gegensatz zu den damals üblichen, ruhigen französischen Tänzen.
geschlossene Kompagnien: geschlossene Gesellschaften.

134 *Noble*: Staats- oder Adelsloge.
Platzer, Joseph (1751–1806): Maler, schuf 1781 die Innenausstattung für das Deutsche Theater in Prag.
Jahn, Quirin (auch Johann Quirin genannt; 1739 bis 1802): Mitglied der Wiener Akademie; betrieb in Prag ein Stoffgeschäft, arbeitete mit an den Plänen zum Deutschen Theater.
Patriae et Musis: lat., ›Dem Vaterland und der Musik‹.
Nostitz: s. 1. Anm. zu S. 65.
Künigl, Kaspar Hermann Graf (1745–1814): Verweser des Burggrafenamtes in Prag, Autor einiger statistisch-geographischer Werke.
Riß: Entwurf.

135 *Bondini*: s. 6. Anm. zu S. 63.
Bergopzoomer, Katharina (gest. 1788): berühmte Erste Sängerin in Prag, verheiratet mit Johann Baptist *Bergopzoomer* (1742–1810), Buchdrucker, Soldat, dann Schauspieler.

138 *Körner*, Johanna (geb. 1743): Schauspielerin in ihrer Vaterstadt Prag, debütierte 1768.
Raeder, Amalie, geb. Niebuhr (gest. 1832): Sängerin; Frau von Christian *Raeder* (1742–1817), der 1782 die Regie der Oper in Prag übernahm.
›Der Zerstreute‹: Lustspiel von Jean-François Regnard (1655–1709); deutsche Übersetzung München 1774.

139 *Spies*, Christian Heinrich (1755–1823): einer der fruchtbarsten Romanschreiber in der Periode der Ritter- und Räuberliteratur im 18. Jahrhundert, der auch eine Zeitlang Schauspieler war; schrieb in jüngeren Jahren die hier genannten Stücke.
Gotter, Friedrich Wilhelm (1746–1797): bearbeitete zahlreiche französische Stücke; sein bürgerliches Trauerspiel ›Mariane‹ (1776) entstand nach ›Melanie‹ von Jean-François de Leharpe (1739–1803).
... und das große Theater blieb leer: In dieser Zeit spielten zwei Theatertruppen in Prag: die Bondinische im sogenannten kleinen Theater im Palais des Grafen Thun und die Truppe des Grafen Nostitz im sogenannten ›Neuen‹ oder ›Deutschen Theater‹. 1784 wurde die Nostitzsche Truppe aufgelöst, da sie sich der Konkurrenz der Bondinischen Gesellschaft nicht mehr gewachsen fühlte. Daraufhin pachtete Bondini das ›Neue große oder auch Deutsche Theater‹, heute J.-K.-Tyl-Theater.
Nepomuk, Johannes von: Schutzpatron Böhmens, katholischer Heiliger, geboren um 1340 in Pomuk, 1393 Märtyrertod. Zunächst Pfarrer an der St.-Galli-Kirche zu Prag und Sekretär des Erzbischofs, später Domherr und Generalvikar und Mitglied des Prager Metropolitankapitels zu St. Veit. Vertrat gegenüber

König Wenzel (1361–1419) standhaft die Rechte der Kirche und weigerte sich als Beichtvater der Königin, das Beichtgeheimnis zu verletzen. König Wenzel ließ ihn ergreifen, foltern und in der Moldau ertränken. 1729 Heiligsprechung, zum Gedenken wurde jährlich am 16. Mai das Nepomukfest gefeiert. Ein prächtiges Grabmal ist im Veitsdom errichtet.

140 *Steinsberg*, Fr(anz) Guolfinger Ritter von (geb. um 1757): Theaterdichter und Theaterdirektor, ›ein abenteuerlicher Fortschrittsmann‹; wandte sich seit Aufhebung der Pressezensur durch Kaiser Joseph II. (1781) mit dem Wochenblatt ›Geißel der Prediger‹ (1782), später ›Predigtenkritik‹, der öffentlichen Kritik kirchlicher Predigten zu. Heimliche Mitarbeiter des Blattes waren auch die in den folgenden Kapiteln genannten Gelehrten Egidius Chládeck, Raphael Ungar und Joseph Dobrovsky. Über eine Predigt zum Gedenken an Johann von Nepomuk, die im Mai 1783 in einer nach dem Heiligen benannten Prager Kirche gehalten wurde – und über die ein ätzendes Pamphlet anonym erschienen war, als dessen Autor Steinsberg galt –, kam es mit Friedrich Meeltisch zu einer langen literarischen Fehde. Den Abschluß dieses ›Nepomukstreits‹ bildete wohl Steinbergs ›Abhandlung, ob der heilige Nepomuk jemals existiert habe‹ (Prag 1784), auf die hier vermutlich Bezug genommen wird.

141 *Brandeln*: Spiel mit deutscher Karte für vier Personen, drei gegen einen, mit jeweils sieben Karten (auch als deutsches Boston bezeichnet).
Trappolieren: italienisches Kartenspiel (Carta di Trappola), Vorläufer des Tarock.

150 *Rosoli*: feiner, aus Blüten oder Früchten (oft Orangen) bereiteter italienischer Likör.

151 ›*Kaisermühle*‹: Gastwirtschaft, damals eine halbe Stunde vor dem Stadttor in der Nähe des Dorfes Bobenč gelegen; ursprünglich ein von Kaiser Rudolph II. (1552–1612) begründeter Wildpark mit Tiergarten.
Schmetten: Rahm, Sahne.

152 *Mautamt*: Zollamt.
Kommodität: Bequemlichkeit.
Kotz, Johann Marquard Freiherr von: bekannt als Büchersammler in Prag.
ein apart Buch: ein besonderes Buch.
remittieren: ein vom Buchhändler nicht verkauftes Buch an den Großhändler zurücksenden.

154 ›*Wjra samospasytedlná* …‹: tschech., ›Der alleinseligmachende Glaube des Katholiken – ein Geschenk vom heiligen Gott‹.
Pränumeration: Vorauszahlung.

156 *Wolf*, vermutlich J. H. Wolf: brachte eine ›Sammlung verschiedener Briefe zum Gebrauch der studierenden Jugend‹, Prag 1775, heraus.
Meyer, Franz Anton von (1744–1805): Hofsekretär und Zensurrevisor in Prag, betätigte sich auch als Autor von Stücken.
Dobrovsky, Joseph (1753–1829): berühmter Slawist, studierte Philologie in Prag, seit 1776 Erzieher im Hause des Grafen Nostitz; gilt als der Begründer der wissenschaftlichen Slawistik.
Gubernialverordnung: Regierungs- oder Verwaltungsordnung.

158 *Avertissements*: Benachrichtigungen oder Ankündigungen.

159 *Klapperpost*: eigtl. Klepperpost, auch die ›kleine Post‹ genannt; diejenige, welche ›zu Fuß‹ bestellt wird (Stadtpost).
›*Der Kinderfreund*‹: Wochenblatt, ab 1775 hrsg. von Christian Felix Weiße (1726 bis 1804).

160 *bekuren*: Zuwendung geben, Anteilnahme gewähren.
eine Partie Plaisir: ein Spiel um des Vergnügens willen, ohne Einsatz (von Geld).

161 *Bouffantes*: Reifröcke.
Saloppen: s. 4. Anm. zu S. 105.

162 *Buckurg*, richtig: Buquoy von Longueval, Freiherr de Baux, Johann Graf (1741–1803); wendete große Summen seines privaten Vermögens für die Bildung der Jugend und für Wohltätigkeitszwecke auf. Nachdem er in Prag eine ›Anstalt zur Versorgung wahrhaft Armer‹ begründet hatte, wurde er von Kaiser Joseph II. nach Wien berufen und erhielt 1784 die Oberleitung aller Stiftungen, Institute und frommen Vermächtnisse.
Butschek (Buček), Joseph Ritter von Heraltitz (1741 bis 1821): Lehrer der politischen Wissenschaften an der Universität Prag.

Chládeck, Egidius (1743–1806): ehem. Prämonstratenser (geistlicher Orden), Professor für Pastoraltheologie.

163 *Zitte*, Augustin (1750–1785): Weltpriester und Schriftsteller, machte sich als aufgeklärter Theologe bei seinen Vorgesetzten unbeliebt und wurde nicht befördert, widmete sich deshalb der Literatur und schrieb zahlreiche Werke. Sein anonym veröffentlichter Roman ›Peregrin Stillwasser‹ sowie die ›Neuen Kohorten ...‹ wurden viel gelesen.

Kolowrat-Krakowsky, Philipp Franz Graf (1756 bis 1819 oder 1824): war 1782 in einen Prozeß um das Prämonstratenserkloster Doxan in Böhmen verwickelt. Steinsberg verfaßte zur Verteidigung seines Freundes eine Schrift ›Vollständiger Prozeß und Vertheidigung des Grafen von K.-K. als ein Beitrag zu den noch mächtigen Prälatenkniffen in Österreich‹, Amsterdam (Nürnberg) 1783.

Steinsberg: s. Anm. zu S. 140.

Kotz: s. 3. Anm. zu S. 152.

Seibt, Karl Heinrich Ritter von (1735–1806): Philosoph, Bauernsohn aus der sächsischen Lausitz, 1763 als außerordentlicher Professor für die schönen und galanten Wissenschaften, die Moral und die Erziehungskunst an die Prager Universität berufen. Seine Vorlesungen waren ein Mittelpunkt geistiger Auseinandersetzungen im damaligen Prag. 1771 gründete er die Zeitschrift ›Neue Literatur‹ mit ständiger Theaterkritik.

Wieschnik (Wieznik), Franz Xaver Graf (Anfang 18. Jh.–1789): Staatsmann, Appellationspräsident in Böhmen, Oberstlandhofmeister; stand als Böhme in einem gespannten Verhältnis zu den Deutschen von Kotz und Seibt.

Ungar, Karl Raphael (1753–1807): Prämonstratenser; Professor für Theologie, Kustos der Universitätsbibliothek, Direktor der Königlichen Gesellschaft der Wissenschaften, Autor zahlreicher Schriften.

Green: engl., greens: Gemüse.

Neuberg, Ritter von: Besitzer umfangreicher Sammlungen (u. a. seltene tschechische Literaturwerke), Vater von Johann Norbert von Neuberg (1795 oder 1798–1859), einem berühmten Altertumsforscher in Prag.

166 *Chiragra*: grch., Gicht in den Gelenken der Hand.

Nostitz: s. 1. Anm. zu S. 65.

Royko, Caspar (1744–1819): Theologe, 1773 Professor für Logik, Ethik und Metaphysik an der Universität in Graz, 1782 an der Universität Prag; seine Vorlesungen waren stets überfüllt, seine ›Geschichte der Kirchenversammlung zu Kostnitz‹ (1783) wurde vom Heiligen Stuhl in Rom auf den Index gesetzt.

Emissarien: Kundschafter oder Spitzel.

Plenciz, Joseph von (1752–1785): Arzt, seit 1778 ordentlicher Professor an der Universität in Prag, daneben als praktischer Arzt in den damals neuerrichteten Arbeitshäusern und im großen Armenhaus tätig, starb mit dreiunddreißig Jahren an einer Typhusinfektion.

Stoll, Maximilian (1742–1787): berühmter Arzt, einer der Führer der damaligen ›Wiener Schule‹ in der Medizin, besonders auf dem Gebiet der Epidemiologie; Verfasser zahlreicher medizinischer Schriften.

Mikan, Johann Gottfried (1743–1814): Arzt, Chemiker und Botaniker.

167 *Expensen*: Auslagen.

168 *Laufer*: juristischer Schriftsatz.

Expensspezifikation: Auslagenrechnung.

Adjustierung: finanzielle Berichtigung oder Bezahlung.

Moderierung: Milderung (der Kosten).

Verzeichnis der Abbildungen

Seite 66/67
Das Komödienhaus auf der Ranstädter Bastei.
Kolorierter Kupferstich von Carl Benjamin Schwarz, 1766, 34,5 × 43,3 cm

Seite 68
Adam Friedrich Oeser.
Kupferstich nach A. Graff v. C. G. Schultze, 1789, 18,8 × 12,2 cm

Seite 69
Vorhang für das Leipziger Komödienhaus.
Aquarell von Adam Friedrich Oeser, nach einer Kopie von Christian Friedrich Wiegand, 1766, 63 × 69,5 cm

Seite 71
Die Thomaskirche und die Thomasschule.
Kupferstich von Johann Gottfried Krügner, 1723, 19 × 15 cm

Seite 74/75
Die Promenade.
Kupferstich von Johann August Rosmäsler, 1777, 31 × 41,5 cm

Seite 77
Vorstellung des aerostatischen Balles.
Kupferstich von G. R., 1784, 23,4 × 16,7 cm

Seite 80/81
Eingang in das Rosental.
Kupferstich von Johann August Rosmäsler, 1777, 31 × 41,5 cm

Seite 86
Das Romanushaus.
Kupferstich von Samuel Blättner, 1704, 28 × 26 cm

Seite 94
Das Apelsche Haus am Markt.
Kupferstich von Thomas Christian Scheffler, 1720, 15,8 × 19 cm

Seite 97
Die singende Muse an der Pleiße.
Kupferstich von Christian Friedrich Boëtius, 1736, 18,5 × 24 cm

Seite 103
Das Richtersche Kaffeehaus.
Kupferstich von Johann Georg Wagner, 1794, 24 × 26 cm

Seite 106/107
Der Markt in der Messe um 1800.
Kupferstich von Christian Gottfried Heinrich Geißler, 43 × 55 cm

Seite 111
Gellerts Denkmal in der Johanniskirche.
Kupferstich von Gustav Georg Endner, um 1770, 26,6 × 13,7 cm

Seite 112
Johann Gottlob Immanuel Breitkopf.
Kupferstich von Jakob Mangot, 1790, 7,5 × 6,5 cm

Seite 115
Leipzig vor dem Peterstor.
Kupferstich von Christian Heckel, 1705, 25 × 29 cm

Seite 119
Kreuzherrnplatz.
Kolorierte Radierung von Jan Jiří Balzer, 1781, 27 × 41 cm

Seite 122/123
Karlsbrücke und Hradschin.
Kolorierte Radierung von Jan Jiří Balzer, 1793/94, 27 × 41 cm

Seite 126/127
Hradschinplatz.
Kolorierte Radierung von Jan Jiří Balzer, 1781, 27 × 41 cm

Seite 129
Haushalt eines Bildhauers.
Radierung von Jan Jiří Balzer, 22 × 16 cm

Seite 134
Einladung ins Konvikt.
Radierung von Jan Berka, 11 × 16 cm

Seite 135
Das Altstädter Nationaltheater.
Radierung von Jan Berka, 10 × 6 cm

Seite 136/137
Platz vor dem Altstädter Nationaltheater.
Kolorierte Radierung von Jan Jiří Balzer, 1793/94,
27 × 41 cm

Seite 140
Der heilige Johann von Nepomuk.
Radierung von Jan Berka, 14 × 7 cm

Seite 145
Altstädter Ring.
Kolorierte Radierung von Jan Jiří Balzer, 1793/94,
27 × 41 cm

Seite 146/147
Saal im Baumgarten.
Radierung mit Aquatinta von Antonín Pucherna,
1810/1817, 18 × 26 cm

Seite 150/151
Oberer Kleinseitner Ring.
Kolorierte Radierung von Jan Jiří Balzer, 1793/94,
27 × 41 cm

Seite 153
Eingang in den Baumgarten.
Radierung mit Aquatinta von Antonín Pucherna,
1810/1817, 18 × 26 cm

Seite 157
Des Lesers Jause.
Radierung von Jan Jiří Balzer,
21 × 16 cm

Seite 164/165
Karmeliterstraße.
Kolorierte Radierung von Caspar Pluth
aus dem Album ›Ansichten von Prag‹,
1792/1796,
50 × 66 cm

Inhalt